Bibl. Karl.

15.

08-188

Rés,

8° NFE

14

Rés,
08-08?

RECHERCHES

PHILOSOPHIQUES.

RECHERCHES

PHILOSOPHIQUES

SUR LE

DROIT DE PROPRIÉTÉ

CONSIDÉRÉ DANS LA NATURE,

Pour servir de premier chapitre à la
Théorie des loix de M. LINGUET.

PAR UN JEUNE PHILOSOPHE.

*Si ad naturam vives, nunquam eris pau-
per ; si ad opinionem, nunquam dives.*
SENEC. Epist. 16.

M. DCC. LXXX.

NOTE

DE L'AUTEUR.

CE petit ouvrage étoit composé, lorsque le premier volume de la Théorie des loix me tomba entre les mains. Je vis avec surprise, que son éloquent auteur, en développant avec tant de force l'origine de la propriété sociale, n'avoit pas même effleuré le chapitre de la propriété naturelle. Ces recherches pourront y suppléer si elles n'ont pas le colori séduisant, dont l'auteur des Annales embellit toutes ses productions, elles ont au moins le caractere de la vérité.

a iij

Le système qu'on établit ici est étrange ; il pourra révolter quelques lecteurs ; la bonne-foi qui l'a dicté doit les désarmer.

PREFACE.

On parle tous les jours de propriété, fans connoître la véritable fignification de ce mot. Ceux même qui fe deftinent à l'étude de l'homme & de fes droits, vantent à chaque inftant les loix facrées de la propriété, & cependant ignorent fes attributs, fon etendue, fon origine. On eft tant accoutumé a répéter ce que les autres ont penfé, que leurs fyftêmes, fuffent-ils ridicules, trouvent en-

core des admirateurs. L'automatifme ne fatigua jamais ; mais
le métier, d'homme penfeur ac-
cable ces cerveaux foibles qui
s'imaginent qu'il n'eft pas poffible de raifonner , parce que
deux ou trois fiecles avant eux
on a raifonné. Cette réflexion
fe vérifie tous les jours. On crie
par-tout, que tout eft épuifé ,
qu'une penfée neuve eft une
chimere, qu'on doit fe borner
à r'habiller joliment les penfées
de ceux qui nous ont précédés.
Une pareille abfurdité , débitée

avec confiance, fait difparoître
la noble hardieffe d'être original, pour ne laiffer que l'inerte
manie de fe copier. Auffi, dans
la plupart des fciences, qui a lu
un auteur, les a lu tous. Un
peintre expofoit une cinquan-
taine de têtes, & l'on n'en vit
toujours qu'une. Voilà les écrivains de nos jours. Cette maladie épidémique produit un dé-
couragement dans toutes les
fciences. On n'approfondit pas,
parce qu'on s'imagine que tout
l'eft.

C'eſt ſur - tout dans la juriſ-
prudence , qu'on rencontre le
préjugé dont on parle ici. Auſſi-
tôt qu'on cite un arrêt , un auteur , l'oracle a parlé. *Dixit Cal-
chas , obſtupuere Pelaſgi.*

C'eſt à détruire cette funeſte
prévention, que tout homme de
bien doit s'appliquer avec ar-
deur. Voilà le motif qui a produit cet ouvrage ; il le fera de
tous ceux qui paroîtront dans la
ſuite.

Ce traité n'eſt pas long ; mais
une petite maiſon renfermoit

Socrate. Cet ouvrage n'eſt pas fait pour tout le monde. Femmes, on n'y parle pas de modes ; ignorans & fats , fermez ce livre, il vous feroit dormir ; ſavans, on y cite peu ; robins , on n'y voit pas vos préjugés conſacrés ; philoſophes. . . .. en eſt-il ? Il n'eſt qu'une ſeule eſpece , à qui ce livre pourroit être utile. Liſez *Lamétrie* , il vous la nommera.

PLAN DE CET ESSAI.

RECHERCHES

RECHERCHES

PHILOSOPHIQUES.

━━━━━◆≫✦≪◆━━━━━

SECTION PREMIERE.

Qu'eſt-ce que la propriété? Son origine,
coup - d'œil ſur ſon étendue, ſa dé-
finition.

ON ne peut adapter à la propriété
naturelle, la définition que tous nos ju-
riſconſultes donnent de ce droit conſi-
déré dans la ſociété. Ce dernier n'étant
fondé que ſur le caprice des premiers
légiſlateurs , variable conſéquemment

A

par fa nature , n'eft point , & ne peut conftituer le droit immuable , inaliénable, de la propriété primitive , dont l'exiftence des êtres eft le titre & le but. En remontant à l'origine de ce droit, on s'égarera bien moins qu'en fuivant les routes tortueufes tracées par les jurifconfultes.

Qu'il y ait dans l'univers une certaine quantité de mouvement répandu ; c'eft ce que l'expérience nous attefte. Les corps qui ne font que des modifications différentes de la matiere, principe dans lequel réfide ce mouvement, en ont une plus ou moins forte dofe. Ce n'eft point à raifon de la grandeur, que les corps jouiffent du mouvement, puifque les pyramides , & les plus immenfes coloffes paroiffent n'en point avoir. Ce n'eft point à raifon de la petiteffe, puifque la plus fine , la plus déliée particule de pouffiere ne paroît en avoir qu'un forcé ; mais c'eft à raifon de l'organifation, que le mouvement & la vie qui en eft le fynonyme font accordés. Les corps eux-mêmes ne font que des produits du mouvement. En effet, fans lui, point de mèlange, point de combinaifon, & conféquemment point de corps. Sans mixtion d'acide vitriolique & du phlogiftique, pourroit-on obtenir du foufre ?

On peut diftinguer trois efpeces de mouvement, l'effentiel, le fpontané, l'accidentel ou forcé.

Y a-t-il un mouvement effentiel répandu dans la matiere, appliqué à tou les corps, agiffant en eux intrinféque-s ment, & faifant partie de leur éffence? Toland l'a foutenu. Il a été réfuté. C'eft le fort de tout fyftéme. Nier l'exiftence de ce mouvement dans une pierre, dans les métaux, parce qu'on ne l'apperçoit pas, c'eft nier la circulation du fang, la fermentation interne qui fe fait dans tous les fluides, parce qu'on ne les voit pas. Avec une pareille raifon, tout homme fans microfcope, pourra rejeter l'exiftence de ces petits infectes imperceptibles à l'œil, dont l'air, les liqueurs & tous les élémens fourmillent ; il pourra rejeter l'exiftence des anguilles de Vallifnieri, des animalcules de Needham. Ce mouvement effentiel ne paroît pas reftreint au feul regne animal ni au végétal ; il embraffe toute la matiere, en pénetre la moindre particule. C'eft l'ame univerfelle des anciens.

La feconde efpece de mouvement s'appelle fpontané. Il m'a paru affez clair, qu'entre deux chemins qui fe préfentoient à moi, je pouvois préférer l'un à l'autre, que je pouvois auffi librement me promener ou me repofer. C'eft cette liberté qui fait l'effence du mouvement dont nous parlons. Les théologiens & les philofophes nous l'ont donné & ôté tour à tour. Collins a voulu prouver que nous ne l'avions pas. C'étoit Zénon niant l'exiftence du mouvement. Marchons, agiffons, & laiffons difputer les philofophes. La faculté de ce mouvement qui réfide dans nous, eft-elle affectée à des parties fines & déliées, ou à un être fpirituel ? Les animaux la partagent-ils avec nous ? Les végétaux auront-ils le même fort ? Voilà de ces queftions qu'on a long-tems difcutées fans les éclaircir, & qui font encore indécifes.

Le mouvement accidentel & forcé eft celui qui eft occafionné dans un corps, par un mobile quelconque. Tel eft celui d'un moulin, d'un vaiffeau : l'eau, l'air, voilà les moteurs. Ce mouvement eft accidentel, parce qu'un corps peut fubfifter fans l'avoir.

Les mouvemens effentiel & accidentel font communs à tous les corps. Tout le monde n'accorde pas la même ubiquité pour le fpontané. Quel parti a raifon ? On pourroit répondre, avec Henri IV, tous deux ; le doute fur une matiere fi

A iij

problématique , n'eſt pas à coup ſûr une erreur.

C'eſt la réunion dans un corps du mouvement eſſentiel & du ſpontané, qu'on appelle vie. On dit que les plantes végetent , parce qu'elles n'ont que le premier.

Tout eſt donc dans cet univers doué de la faculté du mouvement ; & depuis la plus petite particule de matiere , juſqu'au globe immenſe du ſoleil , chaque corps peut appliquer ſucceſſivement ſes parties ſur les parties d'un autre corps , ſe tranſporter , & être tranſporté d'un endroit dans un autre. Mais tel eſt l'effet de cette action & réaction perpétuelle des corps les uns ſur les autres ; ils s'alterent , ils ſe détruiſent ; & comme les principes de leur être ne tombent jamais dans le néant , ſur leurs débris renaît un autre corps ; c'eſt-à-dire , que la matiere premiere d'un arbre , après avoir perdu cette maniere d'être , prend une

autre configuration , & devient plante,
animal ou pierre. Ainfi l'herbe difparoît
fous la dent du bœuf, fe reproduit fous
la forme de fa chair , fe revêt d'une autre modalité dans l'homme qui fe nourrit du bœuf, puis fe diffipe par l'évaporation ou autrement. Ainfi la vie éteinte
dans l'homme , plus de mouvement fpontané ; le figne d'animalité difparoît ; les
principes qui le compofoient retournent
à leur région. L'air fe joint à l'air , la
cendre à la terre , &c. C'eft en ré-
fléchiffant profondément fur ces effets,
que Pythagore fabriqua fon fyftéme ,
& étendit la tranfmigration des corps
jufqu'aux ames.

Tout eft donc en mouvement dans
cet univers, & fans lui l'univers ne peut
fubfifter. Defcartes , fi mal-à-pros cen-
furé par les théologiens , n'avoit-il pas
raifon de s'écrier : qu'on me donne du
mouvement & de la matiere, & je conf-
truirai l'univers ; j'opérerai tous ces ef-

fets furprenans , toutes ces merveilles
avec lefquelles vous êtes familiarifés ?

Le mouvement fuppofe l'action &
réaction des corps ; l'action fuppofe la
deftruction ; & dans ce combat perpétuel des êtres, le plus foible fuccombe
fous le plus fort , en eft la proie & le
nourrit.

Parmi les corps , les uns durent plus ,
d'autres moins. Les bornes de leur vie
font mefurées fur leur organifation. Eft-
elle forte ou foible ? Leur développement eft - il lent ou rapide ? Voilà les
caufes qui produifent dans les corps
une plus ou moins longue réfiftance à
fa deftruction. Un arbre dure plus qu'une
fleur , un homme plus qu'un ciron. C'eft
que l'arbre & l'homme font plus forte-
ment organifés, fe développent plus len-
tement. C'eft un effet auffi néceffaire des
loix du mouvement , que la chûte d'une
pierre , la gravitation de la terre fur le
foleil , &c.

Un corps détruit fe reproduit fous une autre forme ; dans cette deftruction rien n'eft perdu , rien n'eft anéanti : l'accident feul a changé.

Ainfi l'action & réaction des corps produifent ces étranges métamorphofes de forme que l'on voit à chaque inftant. Voilà la fource de cette étonnante variété de phénomenes qui frappent fans ceffe nos regards. C'eft dans cette fucceffion , dans cet échange perpétuel de modes , que l'univers trouve fon ornement. C'eft dans fa deftruction qu'il fe rajeunit.... Dans fa main toute puiffante l'univers tient fa vie & fa mort ; qu'il ceffe fon mouvement ; tout eft dans l'apathie; la nature eft muette ; le chaos étend fon voile lugubre fur elle , & le néant eft proche....

Tous les êtres font donc néceffités à fe mouvoir , & à conferver conféquemment leur mouvement. C'eft un effet néceffaire de leur exiftence. On fent qu'il

A v

n'eſt ici queſtion que du mouvement
eſſentiel, & non pas du ſpontané, qui
n'eſt que par accident dans les corps.

Mais puiſqu'ils ne peuvent conſerver
leur mouvement, ſans s'appliquer à d'autres corps, que cette application ſucceſſi-
ve, immédiate, opere une altération in-
faillible des parties des uns & des autres;
il s'enſuit que la deſtruction eſt auſſi néceſſaire que la conſervation ; il s'enſuit
que la deſtruction mene à la vie, la vie
à la deſtruction. Ainſi deux principes
certains & prouvés. 1°. Tous les êtres
doivent conſerver leur mouvement. 2°.
Point de conſervation de mouvement
dans un corps, ſans deſtruction d'autre
corps.

De ces deux principes réſulte un co-
rollaire auſſi certain, c'eſt que tous les
corps ont droit de ſe détruire les uns
& les autres. Voilà le droit qu'on appelle propriété.

Je ne parlerai point ici de ce droit

relativement aux métaux, ni aux végétaux , mais feulement quant aux animaux. Le mouvement effentiel & fpontané paroît réuni dans eux. Nous avons
dit qu'on appelloit cette réunion *vie*.
Tous les animaux par leur nature ten-
dent à fe la conferver. Ils ne le peuvent
qu'en détruifant d'autres corps , qu'en
s'en nourriffant , qu'en les transformant
en eux-mêmes , qu'en les adaptant à leur
forme. Voilà leur propriété; elle dérive
de la nature des êtres. Combien eft donc
fauffe l'opinion de Grotius ; favant trop
préconifé , que le droit de la nature n'a
point établi la propriété ! *Droit de là
guerre & de la paix* , tome premier ,
page 10, traduction de Courtin. Qu'on
confulte l'étymologie même du mot , &
l'on fentira encore plus l'exactitude de
ma définition. Ainfi la propriété eft la
faculté qu'a l'animal de fe fervir de toute
la matiere pour conferver fon mouvement. Cette confervation eft le point

A vj

central de ſes beſoins. Ces beſoins ſont
donc en même tems & le but & le titre
de la propriété.

Comme je n'ai point envie de ſur-
prendre mes lecteurs par un ſophiſme
adroit , je vais leur expoſer la vérité
toute nue , dans un ſimple réſumé qui
contient toute la chaîne de mes principes & de mes conſéquences.

Tout eſt en mouvement.

Point de mouvement ſans action.

Toute action ſuppoſe l'application d'un
corps ſur un autre.

Toute application entraîne frottement,
altération de parties du mode.

L'altération du mode entraîne ſa deſtruction.

Donc la deſtruction eſt un effet néceſſaire du mouvement.

Donc tous les êtres ſont néceſſités à
s'entre-détruire.

Donc la propriété n'eſt dans un corps

que la faculté de détruire un autre corps, pour se conserver lui-même.

Qu'on fasse attention à cette définition ; mille conféquences qui paroîtront monftrueufes, en découlent néceffairement.

Plufieurs écrivains ont diftingué trois efpeces de propriétés, la perfonnelle, la mobiliaire, la fonciere. On fent bien qu'il n'eft point du tout ici queftion de la premiere.

La perfonelle eft la faculté d'agir & de penfer comme l'on veut, de difpofer à fa fantaifie de fes organes & de fes qualités ; propriété perfonnelle, qui n'eft, comme l'on voit, que la liberté, & nous n'entendons point faire ici un traité fur la liberté, matiere trop vafte, où nous nous égarerions fans doute avec tant de moraliftes. Nous y trouverions une infinité de queftions qui n'ont point encore été réfolues, & qui probablement ne le feront de long-tems.

Sommes-nous libres, ou non? Peut-on obliger quelqu'un à un genre de travail qu'il n'aime pas? Les corvées font-elles juftes? Peut-on contraindre la façon de penfer, d'agir, d'écrire? L'efclavage eft-il permis dans la nature? Le trafic des negres eft-il injufte? L'homme peut-il aliéner fa liberté, fa vie? &c. &c. &c. Ces queftions font vaftes, épineufes; nous n'y toucherons pas.

Où Collins s'égara, pourrions-nous réuffir!

Quant à la propriété mobiliaire, c'eft mal-à-propos qu'on l'a diftinguée de la propriété fonciere. Elle en eft une branche effentielle, elle confifte dans la propriété de ces objets qui ne font pas fixés à la terre & qu'on peut déplacer.

Ces mêmes écrivains, imbus des préjugés fociaux, ont défini la propriété fonciere, le droit de difpofer d'un fonds de terrein & de fes productions, de l'aliéner même. Ils ne voyoient point que la nature ne permet qu'à l'homme dont les besoins sont preffans, de jouir, de dif- poser des productions de la terre, & tou- jours dans la proportion de ces befoins. Ils n'ont pas vu que *dans la nature*, lorf- que l'homme ceffoit d'avoir des befoins, il ceffoit d'être propriétaire foncier ; que conféquemment il ne pouvoit aliéner, puifqu'il n'avoit droit fur rien. Cette opinion révoltera, je le fais ; mais fi des démonftrations folides peuvent ramener l'efprit de fes préjugés, on fe flatte qu'a- près avoir lu ce livre, tous les doutes fe- ront diffipés fur cet article.

SECTION II.

Pourquoi est - on propriétaire ?

LA résolution de cette question se trouve aisément dans ma définition. La propriété n'est en effet que le droit de se
servir, ou l'usage même de la matiere
pour satisfaire ses besoins ; c'est donc
cette satisfaction de besoins qui est le
but & la cause du droit même de propriété. Que de conséquences résultent de
là ! Vous qui les entrevoyez, arrêtez...
Il faut, avant de les exposer & d'en sentir toute la force, examiner auparavant
en quoi consistent ces besoins.

Le besoin est un de ces mots servant à
désigner des idées abstraites, & consé-
quemment ne signifiant rien, parce qu'il
embrasse trop de significations. Il est or-
dinairement synonyme à ce qui man-

que à l'homme , & à ce qui lui eſt néceſſaire pour l'accompliſſement de quelque deſſein , ou pour parvenir à quelque
but.

Mais auparavant d'examiner toutes les
différentes acceptions de ce terme, voyons
quelle a été ſon origine.

Les corps étant toujours en mouvement, agiſſant & réagiſſant les uns ſur
les autres , alterent leurs parties , & en
perdent continuellement. Il faut donc
les remplacer continuellement , ſi l'on
veut conſerver toujours les mêmes mouvemens , la même modification. Or on ne
peut les remplacer qu'en ſubſtituant aux
parties diſſipées , des parties ſimilaires.
On appelle beſoin cette déperdition des
parties de l'animal ; & la ſatisfaction du
beſoin n'eſt qu'une récupération , qu'une
nutrition des parties ſemblables.

Ainſi dans l'origine le mot de *beſoin*
fut reſtreint à ſignifier l'épuiſement
des forces & ce qui les réparoit. Mais

on a étendu depuis fa fignification. On auroit peine à parcourir toutes les acceptions de ce terme qu'ont produit l'abus & la fottife ; car , par la plus finguliere corruption, tous, jufqu'au voluptueux même, ont appellé les objets de leur luxe, leurs caprices , des befoins. Ne donnons point dans cette manie, & ne croyons pas que le droit facré de la propriété nous foit accordé pour aller en carroffe, tandis que nous avons des jambes , pour manger la nourriture de vingt hommes , tandis que la portion d'un feul fuffit. L'ignorance & la vanité ont pu confacrer de pareilles erreurs , & le tems , par une longue poffeffion , leur prêter un air de vérité. Il faut diftinguer les befoins naturels , des befoins factices. Ces derniers font des crimes , oui des crimes, car ils font contre le vœu de la nature.

Parmi nos befoins naturels , on trouvera d'abord ceux qui découlent effentiellement de notre nature, de notre organifation, & ceux que le climat, que des circonftances particulieres entraînent avec eux.

Quant aux befoins de caprice, le nombre en eft immenfe.

Befoins effentiels.

Les animaux, après avoir été développés dans la matrice qui convient aux élémens de leur machine, s'accroiffent, fe fortifient, foit en fe nourriffant de plantes analogues à leur être, foit en dévorant d'autres animaux, dont la fubftance fe trouve propre à les conferver, c'eft-à-dire à réparer la déperdition continuelle de quelques portions de leur propre fubftance qui s'en dégagent à chaque inftant. Ces mêmes animaux fe nourriffent, fe confervent, s'accroiffent & fe fortifient à l'aide de l'air, de l'eau, du feu, de la terre. L'eau combinée avec l'air entre dans tout leur mécanifme, dont elle faci-

lite le jeu ; la terre leur fert de bafe,
en donnant de la folidité à leur tiffu,
elle eft chariée par l'air & l'eau, qui la
portent aux parties du corps avec lefquels elle peut fe combiner ; enfin le feu
lui-même, déguifé fous une infinité de
formes & d'enveloppes, eft continuellement reçu dans l'animal, lui procure la
chaleur & la vie.

L'animal n'étant qu'un réfultat de
tous ces élémens, a donc befoin de s'en
nourrir, de s'en pénétrer à chaque inftant, parce qu'à chaque inftant il perd
de fes parties élémentaires. Ainfi le premier befoin de l'animal eft la nutrition.
Ce befoin en fuppofe un autre ; c'eft
l'évacuation. Voilà les deux befoins effentiels, réfultans de la conftitution de
l'animal. Les manieres dont ils s'ope-
rent font infinies. L'expiration, l'évaporation, la trituration, la digeftion,
l'excrétion, font les principaux canaux
par lefquels les parties de notre fubf-

tance fe dégagent continuellement , & fe diffipent. C'eft en fe nourriffant de parties folides , c'eft en s'abreuvant de fluides , c'eft en infpirant un air pur , que l'animal répare ces pertes.

Le développement de l'animal eft un effet néceffaire de la nutrition. Ce développement eft dans lui une addition aux parties dont il eft compofé , de parties femblables. On peut voir dans l'éloquent Buffon, la defcription de cette opération. La verité n'en déchire point les feuillets, & l'ennui n'en éloigne pas les lecteurs.

Les parties dont eft formé l'animal, fe joignent aux parties femblables qui fe rencontrent dans fa nourriture. Celles-ci les accroiffent, les étendent. C'eft une efpece d'infertion , d'intuffufception , dont on peut concevoir une idée par l'image de plufieurs couches de terre , engrenées les unes dans les autres.

L'exercice des membres & des organes de l'homme, entre comme befoin effentiel dans le plan de la confervation de fon exiftence. Il eft dans fa nature, il la foutient. Imaginez une infinité de cordes, de rouages, de poulies; c'eft lui qui met tout en mouvement, je dirois prefque qu'il eft l'ame de la machine.

Tantôt courant avec rapidité, l'animal femble n'effleurer que la terre ; tantôt graviffant de rudes montagnes', franchiffant les précipices les plus affreux, il veut pénétrer dans tous les fecrets de la nature. L'eau, le feu, rien ne l'effraie, rien ne l'arrête, il brave tout. C'eft par ces exercices falutaires que l'animal s'endurcit, conferve fon mouvement, & prolonge fes jours. Refte-t-il dans l'inaction ? le fang circule avec moins d'aifance, les humeurs s'amaffent, croupiffent; la digeftion, la partition, l'évaporation, tout fe fait mal ; les refforts font rouillés, le jeu de la machine eft dérangé , & bientôt l'aiguille ne marque plus.

L'exercice des membres eft donc un befoin de l'animal. C'eft lui qui favorife fon développement, qui conferve la nature dans fa force, qui empéche l'abâtardiffement, la dégénération de fes productions. Auffi voit-on que, par-tout où les exercices du corps ont été encouragés, les hommes ont été bien conftitués. Parcourez l'hiftoire des Grecs & des Romains. Quels fardeaux énormes portoient les athletes & les foldats ! Quelle force prodigieufe étala Milon fur l'arene ! Chez les fauvages, c'eft à la force qu'on réfigne le commandement & la fupériorité.

C'eft dans l'animal une fois développé, que naît ce befoin terrible ; quelquefois la douleur, mais plus fouvent le plaifir des hommes, l'*amour*. A ce mot, je vois frémir ces moraliftes aufteres qui, ne prêchant que l'anéantiffement de toutes nos facultés, veulent étouffer le cri de la nature, & dégrader le plaifir le plus pur de l'humanité. L'amour eft un befoin dans l'homme, comme le fommeil & la faim. La nature lui ordonne impérieufement de le fatisfaire. Malheur à ceux qui lui défobéiffent. La noire mélancolie, les remords, les infirmités multipliées, vengent la nature outragée; & bourreaux de leur propre exiftence, ces malheureux traînant une vie douloureufe, expient leur crime par une mort précipitée. Voilà le tableau trop ordinaire que préfentent ces triftes folitudes confacrées par le fanatifme, habitées par le défefpoir, afylés de la mort, où le plaifir eft fouvent invoqué par les cris & les rugiffemens de l'amour enchaîné; mais où il ne paroît jamais. Forcées de recourir à des remedes impuiffans, ces victimes infortunées trompent quelquefois leurs befoins; mais

l'illufion

l'illufion paffe comme un éclair, & le feu dévorant refte toujours.

C'eft de là que naiffent ces crimes qui font horreur à la nature, que la fociété profcrit, & qu'elle néceffite. Car d'un côté le célibat, ce crime plus énorme que le fuicide, puifque celui - ci ne détruit qu'un feul être, & que l'autre en détruit une infinité ; le célibat peut, par fes loix rigoureufes, enchaîner la nature, mais non pas l'étouffer. Au milieu de fes fers, le célibataire fe dédommage de fes facrifices. Il allume toujours le flambeau de l'amour, mais ce n'eft pas au foyer de la nature. L'exemple gagne, & les retraites des bonzes fe peuplent par-tout de jeunes garçons.

D'un autre côté, l'union des deux fexes dans les fociétés, y dépend de mille conventions. Le nœud en eft tiffu, dans un âge tardif, par l'intérêt, & jamais par l'amour. Par-tout on voit le defpotifme paternel étouffer dans les

B

jeunes gens les cris de leurs sens. Partout on le voit , joint au fanatisme religieux , peindre des couleurs les plus noires , l'hommage légitime que paie à la nature l'être trop vertueux pour être célibataire. Les hommes ont-ils donc le pouvoir de changer à leur gré le cours des choses ? Ont-ils le droit de réprimer , d'éteindre les passions naturelles ? Non. C'est un torrent dont une digue artificielle arrête quelque tems l'impétuosité , mais qui bientôt se déborde dans les campagnes.

O homme ! n'écoute donc point les loix de la société ;—elles font injustes. Suis le vœu de la nature , écoute ton besoin ; c'est ton seul maître ; ton seul guide. Sens-tu s'allumer dans tes veines un feu secret à l'aspect d'un objet charmant ? Sens-tu dans ton être un frémissement , un trouble ? Sens-tu s'élever dans ton cœur des mouvemens impétueux ? Eprouves-tu ces heureux symp-

tômes qui t'annoncent que tu es homme ?.... La nature a parlé, cet objet eft
à toi, jouîs. Tes careffes font innocen-
tes, tes baifers font purs. L'amour eft
le feul titre de la jouiffance, comme la
faim l'eft de la propriété.

Si l'homme focial pouvoit balancer
encore, je lui dirois de jeter les yeux
fur le fauvage qui n'eft point corrompu
par nos inftitutions. Aime-t-il ? Eft-il
aimé ? Il eft époux, il eft maître, il
jouit. Il n'a pas befoin de prêtres pour
refferrer fes nœuds, de temple pour les
confacrer. Son befoin, voilà fon titre ;
le ciel eft le témoin de fon amour, la
nature eft fon temple.

Si l'on veut favoir quels font les vrais
befoins de l'homme, ce n'eft pas fur
nos fociétés qu'il faut jeter fes regards,
c'eft fur l'homme fauvage ; l'homme focial n'a prefqu'aucun veftige de la nature. Les befoins du fauvage font en
bien petit nombre. Qu'on ouvre, pour

s'en convaincre , les hiftoires , foit des premiers peuples, foit des nouvelles découvertes.

Dans l'origine , la Grece fut habitée par les Autoctones qui reffembloient entiérement aux fauvages qu'on a trouvés dans les forêts de l'Amérique. Des fruits , la chair des animaux étoient leur nourriture ; la peau des bêtes , l'écorce des arbres , leur vêtement ; le creux des arbres , une caverne leur fervoient de retraite. Ils n'avoient qu'une foible idée de l'Être fuprême. Le droit du plus fort étoit leur loi. Tous les hommes fe fuyoient, par crainte les uns des autres. Tel eft le tableau que Thucidide nous trace de ces premiers hommes.

Don Jofeph Cajot, dans fes Antiquités de Mets , décrit les premiers Belges comme des gens féroces, à peu près femblables à nos Hurons & à nos Iroquois. Quelques huttes formées de branches d'arbres enduites de glaife , leur fer-

voient de retraite contre l'intempérie
des faifons. Très - rarement en voyoit-
on de contiguës. Chaque pere de fa-
mille conftruifoit la fienne au milieu de
l'enclos que les chefs lui affignoient.

Les habitans de la Terre de Feu for-
ment la fociété la moins nombreufe
qu'on puiffe rencontrer dans toutes
les parties du monde. Ils vivent exacte-
ment dans l'état de nature. Leurs caba-
nes font formées de branches d'arbres.
Les fauvages y habitent pêle - mêle,
hommes , femmes , enfans. Quelques
herbes répandues dans la hutte leur fervent de lits ; ils ont pour vafes des vef-
fies d'animaux. Le climat le plus rigou-
reux ne les empêche pas d'aller nus.
Les coquillages & le poiffon font leur
principale nourriture. Ils n'ont pas la
moindre notion de religion , de police,
&c. Hift. des nouvelles découvertes faites dans la mer du Sud, par M. Fréville.

Ces exemples fuffifent ; ils prouvent que les befoins de l'homme dans l'état de nature, font en très-petit nombre. On les a finguliérement multipliés dans les fociétés. Mais en les multipliant, on n'a pas augmenté le droit primitif de la propriété, que la nature a reftreint aux feuls befoins effentiels, & à quelques befoins que les climats font naître.

Befoins de climat.

Il regne en Lapponie & dans tout le nord un froid terrible, un hiver prefque perpétuel. Il falloit donc à l'habitant de ces triftes contrées, des vêtemens pour fupporter ce froid, pour ne pas laiffer échapper la chaleur qui eft le principe de fa vie. La nature plus favorable aux animaux, a gratifié les rennes, les ours, d'un habillement fort chaud, & diftribué dans leur corps une huile falutaire.

Le Lappon & tous les peuples du

nord , peuvent donc mettre à contri-
bution les animaux , les arbres , les métaux , pour fe garantir du froid qui les
tourmente. Ces habillemens font inuti-
les à l'Africain , aux peuples qui habitent fous la zone torride , & même à
beaucoup d'autres nations qui vivent fous
la zone tempérée. Le luxe commence où
la néceffité finit. Demandez donc à cet
Efpagnol , à ce Provençal , à ce Maure ,
pourquoi ils font couverts de jolis ajuf-
temens pendant les plus grandes cha-
leurs ; ils vous diront que c'eft l'ufage ,
quoique cela leur nuife. Vous en con-
clurez que c'eft un luxe à rejeter. La
nature indique à l'homme ce qu'il doit
faire. Pourquoi donc fans ceffe lui défobéir ?

Si la nature ne commande point aux
habitans des pays chauds de fe vêtir ,
l'habillement y eft donc un fuperflu. Les
femmes crieront à la pudeur ; mais ce
n'eft qu'une vertu de convention. Si les

habitans des pays froids ou des zones tempérées font forcés de fe vêtir, ce n'eft pas pudeur chez eux, c'eft befoin. Dans la nature on fent le befoin, on ne connoît pas la pudeur ou la décence ; vertus factices, qu'il n'appartient qu'à de certaines ames privilégiées, comme Diogene, de favoir méprifer.

Au Sénégal, dans l'Amérique méridionale, dans une grande partie des Indes, la chaleur eft prefqu'infupportable. Il faut fe baigner. On ne peut travailler. Cette inaction louable chez eux, eft blâmable chez nos Européens qui, cédant à la molleffe, s'imaginent toujours être fatigués. Dans ces pays brûlans il eft encore une efpece de luxe. Le naturel brave la tête nue les coups du foleil. Les délicats portent des parafols.

Il eft donc beaucoup de befoins locaux, qui varient fuivant les climats, qui cependant tiennent à la conftitution de leurs habitans, qui conſéquemment deviennent des beſoins eſſentiels.

Beſoins de circonſtances.

Un homme eſt attaqué d'une maladie. Il meurt ſans le quinquina. Cette plante lui eſt donc néceſſaire.

Beſoins de caprice ou de luxe.

La liſte en feroit énorme. Le luxe, ſi préconiſé par la plupart des écrivains modernes, n'eſt que l'art d'en inventer de nouveaux, pour les ſatisfaire ſans ceſſe. C'eſt à lui que nous ſommes redevables des épices, du tabac, du café, du thé. Nourriture, habillemens, coëffures, maiſons, meubles, voitures, &c. on raffine ſur tout.

Parcourez l'univers, & vous trouverez par-tout des beſoins forgés par la fantaiſie. Depuis l'humble chaumiere du payſan, juſqu'au palais des rois, rien

n'en eft exempt. Et que de degrés d'in-
tervalle entre ces deux extrêmes ! Com-
parez nos campagnards aux negres de
l'Afrique , aux fauvages de l'Amérique.
Ce font encore des voluptueux ; leurs
habits font faftueux. Qu'on en juge par
ce trait. Un Cacique Indien fe paroit
avec complaifance d'une chemife noire,
percée de trous , abandonnée par un
matelot, & fe pavanoit devant fes fujets
de ce riche haillon.

Superbes Européens , vous laiffez à
peine tomber vos regards fur ces mor-
cels ayant trop peu de befoins pour
pouvoir monter à votre rang. Mais
qu'ils font au-deffus de vous ! Vous dé-
gradez la nature , & ils la confervent
dans toute fa fimplicité.

Quels triftes effets n'ont pas réfulté
du luxe ! C'eft ici qu'il faudroit une
plume de fer pour les décrire , pour effrayer les hommes par le récit horrible
des crimes qu'il a fait commettre. Nous

plaignons le Lappon, & nous sommes plus
à plaindre que lui. Ses besoins étant satisfaits, il ne desire rien, & nous, nous
misérables que nous sommes, nous en-
fantons sans cesse de nouveaux desirs qui
nous dévorent. On pourroit nous comparer à ce Prométhée, dont un vautour
rongeoit sans cesse les entrailles.

Ce n'est point pour satisfaire ces besoins créés par le caprice ou le luxe, que
la nature nous a conféré le droit de la
propriété. Concentré dans les seuls besoins naturels, c'est violer ce privilege,
c'est en outre-passer les bornes, que de
l'étendre plus loin.

Homme superbe, qui du sein de l'o-
pulence où tu nages, insultes avec dé-
dain aux misérables que tu as dépouillés,
cesse donc de décorer tes usurpations
du nom de propriété! Cesse de les con-
sacrer par des loix injustes, d'effrayer
par des châtimens féveres les innocens
qui réclament contr'elles. Oui, ces fof-

B vj

fés , ces murs , dont tu environnes tes
parcs immenfes ; ces barrieres qui dé-
fendent l'accès de tes héritages ; tout
prouve ta tyrannie , & rien ta propriété. La nature ne t'a point accordé ce
droit pour te faire traîner dans des équi-
pages faftueux , pour t'enivrer dans de
fomptueux repas , pour éblouir tes femblables par l'étalage infolent de tes richeffes. A ta porte cent malheureux
meurent de faim , & toi raffafié de
plaifirs, tu te crois propriétaire ; tu
te trompes : les vins qui font dans tes
caves , les provifions qui font dans tes
maifons , tes meubles , ton or , tout eft
à eux : ils font maîtres de tout. Tu fe-
rois un tyran , fi tu leur oppofois quelqu'obftacle ; voilà la loi de la nature.

En peut-on douter , lorfqu'on jette
les yeux, foit fur les animaux, foit fur
les mœurs de ces fauvages qui n'ont pas
le malheur d'être civilifés. Un cheval
qui s'eft raffafié d'herbes dans une prai-

rie, en resté-t-il le maître, & empê-
che-t-il ses semblables de s'y repaître ?

Chez la plupart de ces petites peu-
plades de sauvages errantes dans l'Amérique, les provisions de chasse, de pê-
che, sont en communauté. Les femmes
même n'en sont point exemptes. Un
Otahitien pressé par le besoin de l'a-
mour, jouit aujourd'hui d'une Otahi-
tienne, & le lendemain la voit passer
avec indifférence dans les bras d'un
autre. Ces peuples jetés dans une isle à
l'extrêmité du monde, ont conservé
les notions primitives du droit de propriété, entiérement effacées dans l'Europe. Persuadés que ce droit finit où le
besoin cesse, ils se regarderoient comme
indignes d'exister, s'ils déroboient à
leurs semblables, des choses dont ils
n'ont pas besoin. Voilà pourquoi ils of-
frirent avec tant de bonne-foi leurs femmes à nos François qui débarquerent dans
leur isle. En Europe ces mœurs paroif-

sent bizarres. Les femmes ne sont pas toujours à ceux qui en ont besoin, mais à
ceux qui les achetent. Ils veulent jouir
seuls : comme si un ruisseau n'étoit pas
destiné à désaltérer le loup & l'agneau,
comme si les arbres ne produisoient pas
leurs fruits pour tous les hommes !

Les Otahïtiens ne sont pas les seuls
dans lesquels on ait retrouvé des traces
de la simplicité , de l'égalité primitive
de la nature. Les Indes Orientales sont
habitées par une infinité de peuples qui
conservent les mêmes mœurs. Tous les
voyageurs l'attestent.

A Spartes , qui le croiroit ? dans
une nation policée, tout étoit en com-
mun. Licurgue avoit lu dans la nature,
il en dicta les loix à ses concitoyens, &
il réalisa en partie le beau rêve du gouvernement de Platon.

Cependant ce seroit tomber dans l'erreur , que de croire que dans la nature
il doit y avoir une égalité parfaite dans

les propriétés. Tous les animaux n'ont pas une égale quantité de befoins. Les uns font plus forts, d'autres plus foibles, ceux-ci digerent plus promptement, ceux-là ont plufieurs eftomacs, & les ont fort larges. La nourriture étant proportionnée aux befoins, il en réfulte que le droit de propriété eft plus grand, plus étendu dans certains animaux. Le fyftéme de l'égalité de propriétés, eft donc fous ce rapport une chimere qu'on voudroit en vain réalifer parmi les hommes. Quoiqu'ils foient femblables par leur organifation, elle differe fous beaucoup d'afpects. Leurs befoins ne font pas les mêmes. Un pythagoricien vivoit de légumes. Il falloit à l'athlete vorace, une grande quantité de chair. Milon mangeoit un taureau en un jour. Puis donc que les befoins des hommes different, foit en qualité, foit en quantité, ils ne peuvent pas être également propriétaires. Ainfi ce fyftéme de l'égalité dés fortunes, que certains philofophes ont voulu établir , eft faux dans la nature.

Cependant on peut dire qu'il eft vrai fous d'autres rapports. Il eft , par exemple , parmi nous , des financiers enrichis par le pillage de l'état , qui poffedent des fortunes immenfes. Il eft auffi des citoyens qui n'ont pas un fou en propriété. Ces derniers ont pourtant des befoins , & les autres n'en ont fûrement pas proportionnellement à leurs richeffes. Double abus conféquemment. La mefure de nos befoins doit être celle de notre fortune ; & fi quarante écus font fuffifans pour conferver notre exiftence , poffèder 200 mille écus, eft un vol évident , une injuftice révoltante. On a crié contre la petite brochure de l'*Homme aux quarante écus.* Les fages ont dit : *caftigat ridendo mores.* Le riche prélat , le magnifique financier ont déclamé contre cet ouvrage. *M. Joffe , vous êtes orfevre.* Le plus bel éloge qu'on en puiſſe faire , c'eſt de dire que les prêtres ont voulu le faire condamner au feu , & que les financiers ont payé pour le faire cenſurer.

L'auteur y prêchoit de grandes vérités. Il y prêchoit l'égalité (*) des for-

---

(*) Les anciens légiſlateurs ſentoient bien la néceſſité de l'égalité des fortunes. C'étoit le but des loix de Solon , de Lycurgue, de Phaleas de Calcédoine, de Romulus. Le légiſlateur de Spartes , le fondateur de Rome partagèrent également les terres entre leurs concitoyens. Que de malheurs, que de diviſions inteſtines , que de querelles domeſtiques le ſénat de Rome ſe ſeroit épargnés , s'il eût voulu ſuivre le ſage plan de ſon inſtituteur ! Vous ne verrez pas un tribun qui n'ait propoſé les loix agraires, & qui ne ſe ſoit ſervi de cette demande pour ſouffler le feu de la diſcorde dans le cœur des citoyens. Si cette propoſition eût été acceptée ſérieuſement (car le faux décemvirat ne fut qu'un tunes , il y prêchoit contre la propriété exclufive. Car cette propriété exclufive eft un crime véritable dans la nature.

Jacques fe dit poffeffeur d'un jardin. Y a-t-il plus de droit que Pierre ? Non , certainement. Les parens de Jacques lui ont , à la vérité, tranfmis dans leur fucceffion cet héritage. Mais en vertu de quel titre le poffédoient-ils eux-mêmes? Remontez fi haut que vous voudrez , vous trouverez toujours que le premier qui s'en dit le propriétaire , n'avoit aucun titre. L'Être fuprême a donné la terre à tous les hommes : il n'a point dit à celui-ci , tu auras ces trente arpens ; à celui-là , jouis de ces immenfes

jeu, où les plébéiens, au lieu d'être dupés par trois cents fénateurs, le furent par dix), alors les plébéiens unis aux patriciens, n'auroient pas renverfé de leurs mains cette république fi formidable à l'univers lorfque le calme y régna.

prairies. Mais il a dit à tous : vous avez des befoins ; je vous donne à tous le droit d'employer la matiere à les fatis-faire. Or , cette conceffion s'étend fur toute la nature entiere. Ma propriété n'eft point reftreinte ni à cette chaumiere où je naîs , ni à une certaine contrée. Je puis l'exercer par - tout.

Il réfulte de ce chapitre , d'abord que nos befoins naturels font en petit nombre ; que nous ne fommes propriétaires que pour les fatisfaire ; enfin , que cette propriété s'étend avec le befoin même.

SECTION III.

Quels font les propriétaires ?

S'IL fuffit d'avoir des befoins pour être propriétaire, tout individu qui a des befoins peut donc jouir du droit de propriété. On ne conteftera pas que les hommes foient de cette efpece. Croître, fe conferver, étendre leur exiftence en la communiquant à d'autres, font des prérogatives attachées à leur être, & qui prouveroient au fceptique le plus incrédule, qu'il a des befoins.

Il en eft de même des animaux, ils font propriétaires ainfi que l'homme. Cette propofition qui a l'air d'un étrange paradoxe, devient certaine au premier coup-d'œil qu'on jette fur la définition que j'ai donnée de la propriété. Les animaux n'ont-ils pas en effet, comme nous, leur exiftence à conferver ?

Leur corps ne fe développe-t-il pas ?
Ne croît-il pas ? N'éprouve-t-il pas les
mêmes variations, les mêmes fenfations
que les nôtres ? N'ont-ils pas, comme
nous, ce befoin, la fource de mille dé-
lices, de s'unir enfemble, de confondre
enfemble leur exiftence, pour faire naître un autre individu femblable à eux ?
Organifation, befoins, plaifirs, fenfations, tout, tout dans eux reffemble à
notre être ; & nous voudrions les pri-
vèr du droit que la nature leur a donné
fur toute la matiere ! Homme injufte,
ceffe d'être tyran ! L'animal eft ton femblable ; oui ton femblable, c'eft une vérité dure ; peut-être même eft-il ton
fupérieur. Il l'eft, s'il eft vrai que les heureux foient les fages ; il n'éprouve point
les maux cruels que tu te crées dans ta
fociété. Plus heureux que toi dans fon
état ifolé, il jouit fans amertume des
biens que la nature lui offre ; il goûte
les plaifirs qu'elle prodigue fous fes pas,

& n'envie point ceux de ſes ſemblables.
« Amour & liberté , s'écrie l'éloquent
» Buffon , quels bienfaits ! Les bêtes en
» jouiſſent peut-être plus que nous. Ces
» animaux que nous appellons ſauvages,
» parce qu'ils ne nous ſont pas ſoumis,
» ont-ils beſoin de plus pour être heu-
» reux ? Ils ont encore l'égalité ; ils ne
» ſont ni les eſclaves ni les tyrans de
» leurs ſemblables. L'individu n'a pas à
» craindre comme l'homme tout le reſte
» de ſon eſpece. Ils ont entr'eux la
» paix , & la guerre ne leur (*) vient
» que de nous.... »

_____

(*) Les auteurs les plus célebres tombent
dans des contradictions bien ridicules. Il n'y
a qu'à comparer ce que dit ici M. de Buffon,
avec le ſyſtême qu'il ſoutient au tome ſixieme
de ſon *Hiſtoire naturelle*, pour voir ſon in-
conſéquence.
« Comment , y dit-il , l'égalité, le bon-
» heur peuvent - ils être le partage d'êtres

Si nous voulions trouver l'image de
la premiere maniere dont les hommes
exerçoient leurs droits de propriété,
elle fe préfenteroit à nous dans les animaux. Ardens pour fatisfaire les befoins
que la nature leur donne, ils ne cherchent point à en faire naître d'autres.
Ils fe contentent de ce que le hafard
leur offre pour fe nourrir & pour fe
conferver. Ils n'ont pas la fottife de gâ-
ter les productions de la nature par des
apprêts artificiels. La maniere de vi-
vre des animaux eft fimple, comme

„ qui ne penfent pas ? Comment de pareils
„ êtres peuvent-ils jouir de la liberté ? Etre
„ libre, & n'avoir pas la liberté de réflé-
„ chir, c'eft une contradiction dans les
„ termes.

„ En accordant même que les animaux
„ aient un inftinct, mot que l'on n'a ja-
„ mais bien expliqué, cet inftinct peut-il
„ s'accorder avec la liberté ? „

leurs appétits font modérés , & ils en
ont affez pour ne jamais rien envier.
Leurs befoins fatisfaits , ils n'ont pas la
manie de vouloir s'intituler propriétaires
de portion de matiere qui leur eft inutile. Raffafiés , ils laiffent le champ libre
à ceux qui ont befoin.

On fent par là combien le célebre
Defpréaux avoit raifon dans fa fatyre
fur l'homme , la feule peut-être philo-
fophique, d'élever la béte au-deffus de
l'homme. On voit combien la Métrie
fi perfécuté avoit raifon , en faifant def-
cendre l'homme au rang des animaux.
Ils font donc nos femblables. Tout le
prouve. Ils font animés. Que nous importe par quoi ? Ils nous reffemblent
toujours par ce côté.

On a cru ridiculifer le fyftême de l'a-
me des bêtes , en foutenant que fi les
bêtes avoient une ame , on devoit en
accorder une aux plantes, à l'aimant. L'auteur de l'*Anti-Lucrece* s'eft fervi de cette
idée,

idée , pour foutenir l'automatifme de Defcartes. (*)

Il eft certain qu'il y a une chaîne in-

(*) L'*Anti-Lucrece* a été traduit par M. de Bougainville. En tête de cette traduction eft un énorme difcours préliminaire , où l'on outrage tous les grands hommes de ce fiecle , en analyfant les fyftêmes des anciens, où l'on foutient que les philofophes modernes ne font que des plagiaires maladroits de l'antiquité ; reproche furanné, dont les fcholaftiques fe font fervis, où l'on donne de l'encens à M. Crevier, c'eft-à-dire, à l'auteur de la fémillante , de la piquante, de l'amufante Hiftoire des empereurs , & de la Critique raifonnée de l'Efprit des loix. Spinofa , qu'on accufe d'avoir copié Straton de Lampfaque , étoit en état de donner des leçons à fon maître & à tous les philofophes de la Grece. Eh ! qu'importe à un tableau d'avoir été copié , s'il furpaffe & fait oublier l'original ?

C

diffoluble entre tous les êtres qui couvrent la furface du globe. Formés de la même matiere , la diverfité de leur configuration fait toute leur différence. Cette activité qui diftingue principalement l'homme de tous les autres individus , paroît être diftribué à tous , en proportion de leur reffemblance avec la nôtre. Ainfi les animaux doivent avoir une plus grande dofe d'activité , puifque la conftruction de leur machine reffemble à la nôtre. Une huître qui en a moins , a très - peu de fentiment. Les plantes doivent donc avoir peu de fentiment , n'étant point configurées comme nous. Ainfi des minéraux.

Puis donc que les animaux ont la même organifation , les mêmes fenfations , les mêmes befoins que nous, ils font donc comme nous propriétaires ; c'eft-à-dire , qu'ils ont droit de fe fervir de la matiere , pour conferver leur individu.

Croira - t - on auffi que les végétaux
foient propriétaires ? C'eft une abfurdité , dira - t - on. Lifez ; & fi vous ne
croyez pas à cette abfurdité , brûlez ce
livre.

Des hommes qui avoient cru lire
dans la nature ce qui n'y étoit point ,
avoient marqué différentes claffes pour
des êtres qui n'en avoient qu'une. On
avoit rangé l'homme dans la premiere
claffe ; la bête marchoit après ; venoient
enfuite les végétaux , puis après les minéraux.

Un favant affez philofophe pour oublier qu'il avoit lu , & pour fe borner à
penfer , a fait évanouir ces rêves de l'i-
magination fcholaftique de nos premiers
naturaliftes. Il a fait voir qu'il n'y avoit
aucune différence effentielle entre les
êtres qui couvroient ce globe ; que tout
au plus il y avoit quelques nuances légeres de différence , par lefquelles on
paffoit d'une efpece à l'autre. Ainfi le

singe pourroit faire la nuance entre
l'homme & la bête, l'huître entre l'a-
nimal & le végétal, & la plante senfi-
tive entre le végétal & l'animal. Ce
fystême a éclairé le genre humain ; la
nature a paru plus belle, depuis que
Buffon l'avoit dégagée des claffifications,
des divifions, fubdivifions, par lefquelles les fcholaftiques avoient défiguré fes
ouvrages.

Je n'entrerai point dans le détail des
reffemblances du végétal avec l'homme.
Je renvoie au célebre auteur que je
viens de citer. Mais je dirai aux hommes : fi vous vous développez, fi vous
confervez votre exiftence, c'eft en pre-
nant une nourriture qui, d'abord di-
gérée dans votre eftomac, s'incorpore,
s'identifie avec vous, devient *vous* par
l'intuffufception des parties fimilaires de
cette nourriture. Cette opération eft la
même dans les végétaux. Les fucs groffiers qu'ils tirent de la terre, fe puri-

fient, s'élaborent dans leurs veines. Ils les dégagent de leurs parties brutes & terreſtres , n'en prennent que l'eſprit qui s'identifie à eux, & fert à les dé- velopper. La partie brute compoſe la maſſe , la partie oſſeuſe de la plante ; l'eſprit eſt cette fine feve fi femblable à cette liqueur divine , la premiere ſource de notre être. Les opérations des végétaux font donc parfaitement ſemblables à celles de la machine ani- male. Différence dans leur configura- tion extérieure ; mais toujours & par- tout même maniere d'en empêcher la deſtruction.

Pourroit - on douter de cette fimili- tude parfaite des végétaux & des ani- maux, d'après la démonſtration qu'en a donnée le célebre auteur de la *Théorie du jardinage ?* Les plantes ſe dévelop- pent par gradation comme l'animal ; leurs maladies ont les mêmes caufes , les mêmes remedes que les nôtres. Saignées, cataplafme, fumigation, on emploie tout.

Et d'un autre côté, fi vous donnez du mouvement à votre corps, foit pour l'éloigner des corps nuifibles, foit pour l'approcher des corps falutaires, comment qualifierez - vous cette action des racines des végétaux, de s'éloigner des endroits dont la terre ne fournit pas des fucs analogues à leur conftitution, cette avidité de s'étendre dans tous les terreins dont les fues leur font favorables? Comment appellerez-vous l'extenfion de leurs racines, de leurs rameaux? Il eft vrai que vous arpentez un plus grand efpace de terrein qu'une racine d'arbre, que vous vous tranfportez où vous voulez : mais parce que la faculté de fe mouvoir dans les végétaux eft refferrée à un certain terrein, direz-vous qu'ils n'ont pas de mouvement? Une huître alors ne fera qu'un végétal ; & combien parmi nous pour-

roient être mis dans la claffe de ces huî-
tres !

Il eft donc certain que les végétaux ont des befoins ; & fi le befoin eft
le feul titre de propriété qu'aient les
hommes, les animaux, comme on n'en
peut douter, qui pourroit donc les pri-
ver du droit de propriété ? S'ils ont la
faculté, comme les animaux, d'appéter
les corps qui font les plus analogues à
leur nature, de s'éloigner de ceux qui
leur nuifent, n'exercent - ils pas cette
propriété ?

Mais les végétaux ne jouiffent pas,
s'écriera - t - on. Eh ! qui vous l'a dit,
homme préfomptueux, qui ofez prononcer, quand vous ignorez tout ? Qui
vous a dit que cette rofe qui fe flétrit
fous une haleine empeftée, qui s'épa-
nouit aux rayons du foleil, que cette
plante remarquable qui fe retire à l'ap-
proche d'une main imprudente, ne fen-
tent rien, ne jouiffent de rien ? Si leur

jouiffance échappe à votre vue groffie-
re , pourquoi prononcez - vous qu'elles
n'en ont point ? Prononcez donc auffi
qu'il n'y a point de vers dans votre fe-
mence ; prononcez que les molécules
organiques de Buffon ne font que des
chimeres ; prononcez qu'il n'y a point
d'habitans de ces globes immenfes qui
roulent fur vos têtes , parce que vos
yeux , vos foibles yeux, n'apperçoivent
ni vers , ni molécules , ni hommes.

Je vais plus loin , & je veux vous
prouver que les plantes peuvent jouir.
Analyfons la jouiffance. On ne jouit que
par les fens.

Les fens font dans les corps, des parties de matiere tellement modifiées ,
qu'elles peuvent recevoir les divers chocs
des corps extérieurs, analogues à leur
maniere d'être , & les communiquer au
principe actif qui réfide en eux. Il paroît, à bien approfondir les chofes, qu'il
n'y a qu'un fens général dans la nature ;

c'eſt le tact. Tous les autres ſens ne ſont toujours qu'un tact différemment qualifié.

Si je vois, ſi j'entends, ſi je goûte, ſi je ſens, c'eſt que les globules de lumiere, les ondulations de l'air, les inégalités des ſurfaces des corps, les vapeurs qui s'en exhalent, frappent, choquent, ébranlent ces parties de matiere qu'on a nommées œil, oreille, palais & odorat. Toutes ces opérations ne ſe font que par des ébranlemens cauſés à mon individu. C'eſt toujours un corps qui s'applique ſur un autre, & tout le monde ſait que le tact n'eſt que l'application d'un corps ſur un autre.

Ainſi, à parler correctement, le tact eſt la ſeule maniere de ſentir que nous ayons. Mais il y a différentes manieres de l'exercer, ſuivant les différentes qualités des corps qui cauſent & reçoivent ces ébranlemens. On a nommé & qualifié différemment les parties du corps

C v

qui reçoivent différemment ces chocs extérieurs ; de là l'origine de cette diſtinction d'organes , d'yeux, d'oreilles & d'odorat.

D'après la définition des ſens, qu'on vient de donner , on ſent qu'il faut diſtinguer dans toute la ſenſation , l'ébranlement cauſé par le corps extérieur , le ſentiment que le principe actif à qui il eſt communiqué en a , & la réflexion ſur ce ſentiment.

Tous les corps ont la premiere qualité, celle d'ébranler & d'être ébranlé tour à tour. Peu ſont revêtus de la ſeconde. On chercheroit long-tems avec la lanterne de Diogene, ceux qui exercent la troiſieme faculté.

Les végétaux auront donc la faculté de recevoir & de donner des chocs. Ces chocs ſeront analogues à leurs qualités. La douce ſenſation que cauſe à mon odorat le parfum agréable qui s'exhale de la roſe , n'eſt point celle que j'éprouve en mangeant une pomme , ou quelqu'autre fruit délicieux. Ils ont donc le tact.

Mais ces végétaux ont-ils un principe actif, résidant en eux, qui puisse sentir les chocs qu'ils reçoivent, & diriger leur machine ?

Cette question sembleroit tenir à cette fameuse dispute agitée tant de fois ; savoir, si la matiere peut penser. Le sage Locke nous a donné sur cet article, non pas ses décisions d'un ton dogmatique & tranchant, mais nous a proposé ses doutes d'un ton socratique. Ses raisonnemens ont paru si frappans , que ses critiques ont argumenté avec lui , *cum fuste & conviciis.* C'étoit la méthode des braves Scotistes & des Thomistes. Leurs descendans en ont hérité. Je n'entrerai point dans cette querélle. Après Locke il n'y a plus à vaincre. Il seroit à souhaiter , pour l'honneur de Voltaire , qu'il n'eût pas voulu glaner après cet illuftre philofophe.

Quoi qu'il en foit, en fuppofant que les végétaux n'ont point de principe penfant, en ont-ils un fenfitif?

Nous ne prononcerons point fur cette matiere délicate. Le fens intime peut feul nous convaincre de l'exiftence d'un pareil principe chez nous. Mais ce fens eft nul, relativement aux autres corps. Et les fens extérieurs font trop groffiers pour pénétrer dans leur intérieur, pour y faifir quelques principes, s'il y en exifte. Nous ferons toujours dans les ténebres, tant que la nature ne nous donnera pas de meilleurs inftrumens. Gardons-nous donc de décider, & bornons-nous à croire qu'il peut exifter quelque principe fenfitif dans les végétaux. Leur conformation, l'efpece de fenfibilité que manifeftent les plantes & les fleurs, font des indices. Mais juger fur des indices, c'eft être fou.

Au furplus , quand on parviendroit à acquérir la certitude que les végétaux ne jouiffent pas à notre maniere, il ne faudroit pas en conclure qu'ils n'ont aucune efpece de jouiffance. La nature ne fuit pas qu'un feul chemin , ne fe fert pas que d'un feul reffort , n'affujettit pas tous les corps à une feule loi. Si les végétaux ont à l'extérieur une organifation différente de la nôtre , pourquoi n'auroient - ils pas auffi une jouiffance diftincte & particuliere ?

Que diroit-on d'un ignorant qui foutiendroit que la génération des êtres fuit dans toutes les efpeces , la même loi ; qui foutiendroit que les infectes peuplent à notre maniere, ou ne peuplent point ? Ne riroit - on pas de fon erreur, & ne l'en défabuferoit-on pas , en lui dévoilant les myfteres finguliers de la génération dans les poiffons , dans les infectes , dans les plantes , dans les métaux ?

Il n'eſt pas ſi facile de déſabuſer les hommes ſur l'impoſſibilité de l'exiſtence d'un principe ſenſitif dans les végétaux. Nous ſommes encore dans une ignorance trop profonde ſur la nature des principes actifs, penſans, ſenſitifs; nous ignorons les limites poſées par la nature, ſes jeux, ſes bizarreries; & il n'eſt point encore de Lewenhœck, de Malpighi, qui, dans cette partie, aient pris la nature ſur le fait, aient dévoilé ſes opérations, ſuivi ſes différentes combinaiſons. Juſqu'à ces découvertes, il faut ſuſpendre notre jugement.

L'auteur d'un voyage à l'isle de France, a donné un ſyſtême aſſez ingénieux ſur les végétaux, qui, s'il étoit vrai, favoriſeroit beaucoup l'opinion que nous avançons. Il a prétendu que tous étoient habités; que les fleurs, les fruits étoient l'ouvrage d'une infinité de petits animaux; que l'écorce des arbres étoit l'abri des cellules où ils travailloient. L'auteur a appuyé ce ſyſtême de raiſonnemens ſéduiſans, & a réſolu très-ſpirituellement les objections qui ſembloient le détruire.

En ſuivant cette opinion, on ſera moins étonné de nous voir ſoutenir que les végétaux partagent avec l'homme & les animaux, le droit de la propriété. Les êtres, en effet, qui ont leur laboratoire dans les végétaux, qui ſe chargent de les conſtruire, de les élever, de les perfectionner, de défendre leurs fruits, leurs graines, d'en envoyer des colonies pour peupler d'autres endroits; ces êtres, dis-je, ſont ſuſceptibles de beſoins comme tous les autres animaux. Ayant en effet une forme, & cette forme ou modification dépendant, pour être conſervée, des moyens que nous employons nous-mêmes pour conſerver & propager notre exiſtence, ces inſectes ont droit de ſe nourrir, de ſe développer, de propager. Ils ont donc droit

par-là même à tout ce qui exiſte ſur la
terre , à tout ce qui peut s'aſſimiler à
leur nature. Ils ont donc droit ſur nous.
Ces vers hideux qui ſe traînent ſur nos
orgueilleux cadavres , nous donnent des
preuves de leur droit de propriété ; &
ces leçons ſont trop ſouvent & trop
vivement répétées , pour qu'on puiſſe le
leur conteſter.

SECTION IV.

Sur quoi le droit de propriété peut-il être exercé ?

Tout eft opprimé s'il n'opprime.
Tout combat fur la terre, & tout eft com-
battu,
Le plus fort eft tyran, le plus foible eft
victime.
Epître de M. de S. L.

GENS à préjugés, qui criez fans ceffe
au paradoxe lorfque la vérité fe pré-
fente à vous fous le vifage de la nou-
veauté, redoublez ici vos clameurs. Vous
me traiterez d'homme abominable, pernicieux. N'importe, je ferai vrai. Je ne
fais que déduire ici les conféquences de
ma définition de la propriété.

Sur quoi ce droit peut-il être exercé ?
Sur tout. Oui, l'homme, les animaux ,

tous les corps dans la nature ont droit
fur tout. Ils ont droit les uns fur les
autres. L'homme a droit fur le bœuf,
le bœuf fur l'herbe, l'herbe fur l'homme.
C'eft un combat de propriétés, qui fem-
bleroit tendre à la deftruction de la nature, mais qui la vivifie, la renouvelle,
en détruifant fes formes.

Cette vérité fait naître ici des queftions bien importantes, & qui n'ont
jamais été bien réfolues, parce qu'on
n'avoit pas de regle certaine pour les
déterminer.

Les hommes doivent-ils fe nourrir fim-
plement de végétaux ? Peuvent-ils fe
nourrir de la chair d'animaux ? Peuvent-
ils fe nourrir de leurs femblables ? Les
animaux, les végétaux ont-ils le même
droit fur nous ? Jufqu'où doit s'étendre
la propriété des êtres ? Quel eft le terme
que leur a marqué la nature ?

Je n'ai qu'un feul mot pour réfoudre
ces queftions, qui paroiffent fi problé-

matiques; & ce mot eſt diété par la nature même : *Les êtres ont droit de ſe*
nourrir de toute matiere propre à ſa-
tisfaire leurs beſoins.

Approfondiſſons ce principe. Les conſéquences effraieront peut - être ; mais
doivent-elles alarmer , lorſqu'elles con-
duiſent à la vérité , lorſqu'elles renver-
ſent les préjugés ?

Des philoſophes auſteres ont voulu
borner le droit de propriété des hommes aux végétaux, & à tout ce qui n'a-
voit point vie. La fureur de ſe diſtinguer, de ſe faire un nom, une ſeéte ,
enflamme Pythagore ; il prêche une mo-
rale extraordinaire ; il éblouit par ſes ſo-
phiſmes , ſéduit par ſon exemple , &
auſſi-tôt l'univers eſt peuplé d'une foule
de ſes diſciples qui , ſemblables à nos
moines ou aux fakirs orientaux, jurent
de ne plus ſe nourrir que de végétaux ,
crient anathême contre les hommes ſen-
ſés qui faiſoient ſervir les animaux à

leurs befoins. Cette fecte s'étend par-
tcut , & par-tout on voit des frénéti-
ques facrifier leurs plaifirs & leurs droits
à l'obfervation rigoureufe de la diete
pythagoricienne.

On a voulu juftifier par des raifons
phyfiques & morales , cette abnégation
aveugle du droit de propriété de l'homme , qui s'étend fur les animaux. On a
prétendu qu'il confervoit fa force, pro-
longeoit fes jours , & les rendoit plus
fereins & plus rians , en fe bornant aux
végétaux. On a cité les peres de l'âge
d'or ; le Socrate de nos jours a élevé fa
voix , & a tonné contre les hommes qui
s'abreuvoient du fang & fe raffafioient
de la chair des animaux égorgés. Ne
nous laiffons point féduire par fon élo-
quence ; ouvrons le livre de la nature ,
c'eft lui feul qui doit nous guider.

L'expérience & la fcience de l'ana-
lyfe ont appris aux obfervateurs que
l'homme ne pourroit jamais fubfifter

avec de fimples végétaux ; que le bled
même & les plantes les plus fubftantielles
ne pourroient que foiblement retarder le
dépériffement de fa frêle machine. Ces
déferts fameux de la Thébaïde , & ceux
de nos jours , que madame de Sévigné appelloit des hôpitaux de foux , en offrent
une preuve convaincante. Les malheureu-
fes victimes qui fe dévouent aveuglément
à l'auftere fobriété , voient s'éteindre
promptement le flambeau pâle & lan-
guiffant de leurs jours. Et s'il eft vrai
que dans les Indes les fectateurs rigides
de Brama prolongent le cours de leur
vie au milieu même de la diete pythagoricienne , c'eft une faveur de leur climat très-chaud , où les végétaux font
affez fubftantiels pour les difpenfer de
fe nourrir de la chair des animaux.
Croyons-en l'organifation de l'homme
comparée avec celle des animaux.

Les bœufs ayant quatre eftomacs où
ils peuvent contenir une grande quan-

tité d'herbe qui leſte leur corps, cette
qüantité contient une portion de molécules organiques, ſuffiſante pour faire
croître & développer ce bœuf. Mais
l'homme n'ayant qu'un eſtomac qui ne
contient qu'une petite quantité de nourriture , il faut abſolument que cette
nourriture regagne en qualité ce qu'elle
perd en quantité. Or , il eſt démontré
que la chair des animaux contient infi-
niment plus de molécules organiques que
les plantes. Donc l'homme peut & doit
ſe nourrir de chair , préférablement même au végétal.

Eh ! ſi les animaux ne ſe détruiſoient
pas , ne ſe dévoroient pas réciproque-
ment , quel déſordre s'introduiroit ſur
la ſurface de cet univers ! Il y a dans la
nature , des inſectes qui pullulent à
l'infini , comme les pucerons , qu'il
faut néceſſairement détruire, ſi l'on ne
veut pas être détruit par eux. Ce rai-
ſonnement peut s'appliquer à tous les

animaux, tant nuisibles qu'utiles. Si on laissoit multiplier les harengs dans la mer, si aucun poisson carnivore ne s'en nourrissoit, si aucun pêcheur n'en prenoit, ces harengs, dont le nombre croîtroit à l'infini, ne trouvant pas suffisamment de nourriture, périroient & corromproient tout. La nature a sagement pourvu à cet inconvénient. La plupart des poissons font leur nourriture des harengs. L'immense quantité de ces animaux qui échappent à la voracité de leurs confreres aquatiques, vient s'offrir sur nos bords aux filets des pêcheurs, & sert d'aliment à des provinces entieres. Il y a une juste compensation entre la propagation & la dépopulation. La nature ne se manque jamais à elle-même.

C'est donc obéir à ses ordres sacrés, que de se repaître de la chair des animaux.

Le Brame même, qui croit se dérober

à la loi générale , en ne fe nourriffant que de plantes & de fruits, eft toujours animal carnaffier. Car combien d'êtres animés les plantes & les végétaux récelent dans leur fein ! Combien de millions d'animalcules couvrent les légumes & les herbes qui lui fervent d'aliment ! Il faut donc que tout être animé fe nourriffe d'êtres animés , ou qu'il périffe. C'eft la loi irrévocable du fort.

Mais fi le mouton a le droit d'avaler des milliers d'infectes qui peuplent les herbes des prairies , fi le loup peut dévorer le mouton , fi l'homme a la faculté de pouvoir fe nourrir d'autres animaux , pourquoi le mouton , le loup & l'homme n'auroient-ils pas également le droit de faire fervir leurs femblables à leur appétit ?

On croiroit parer cet argument , en objectant que tous les êtres ont une répugnance invincible à déchirer , à dévorer ceux de leur efpece. Pour réponfe

ponſe à une pareille objection, je me-
nerois celui qui la fait, dans les forêts ; je
lui montrerois le loup s'abreuvant du
ſang du loup, ſe raſſaſiant de ſa chair ;
je lui montrerois mille animaux, comme les rats, les ſouris, les hériſſons,
exerçant leur appétit ſur leurs ſembla-
blables, ſur leurs petits ; je lui montrerois dans les prairies une infinité d'inſectes, dans la mer des milliers de poiſ-
ſons, vivans des êtres de leur claſſe ; je le
conduirois chez les anthropophages ; &
là, ſpectateur de ces feſtins de chair humaine, où la gaieté même préſide, je
lui demanderois ce qu'eſt devenue dans
tous ces êtres, cette répugnance prétendue pour la chair de leurs ſemblables ; je lui demanderois pourquoi là
nature n'eſt point uniforme dans ſes
inſtitutions, pourquoi dans un climat
elle inſpire ce qu'elle déſapprouve dans
un autre ; je le conduirois enfin chez
ces Caraïbes, qui n'ont aucune répu-

D

gnance, à dévorer les membres encore palpitans de leurs enfans qu'ils ont engraiffés. Si c'eft à l'éducation que ces fauvages doivent l'affreux bonheur de n'être point dégoûtés d'une pareille nourriture, à quoi fervent donc ces principes innés de la nature ? Si un léger moment d'erreur peut effacer fon empreinte, que nous importoit de l'avoir ? ou plutôt ne feroit - ce pas à l'éducation, que nous ferions redevables de cette averfion pour la chair de nos femblables ; tandis que ces fauvages anthropophages, qui ne font point gâtés par nos inftitutions fociales, ne font que fuivre l'impulfion de la nature ? Une obfervation me confirme encore dans cette idée, peut-être trop vraie. Dans ces momens horribles, où, livrés à une cruelle famine, des affiégés réduits au défefpoir, pour retarder les pas de la mort, fe jettent fur des cadavres, fe les difputent, les déchirent avec vora-

cité ; que devient donc cette averſion
que la nature a, dit-on, gravée dans
nos cœurs pour cette eſpece de nourriture ? Ce n'eſt pas la nature qui ſe
tait ; c'eſt la voix de l'éducation ; c'eſt
le préjugé qui diſparoît. L'homme, ren-
tré dans ſes droits primitifs, s'iſole,
concentre tout dans lui-même, ne voit
plus que lui, & ſacrifie tout à ſes beſoins. C'eſt l'homme ſocial transformé
en homme naturel, en ſauvage. (*)

_____

(*) En liſant dans l'excellent roman de
Cleveland ſes aventures tragiques parmi les
ſauvages de l'Amérique, le cœur le plus
barbare ſeroit attendri. Quel effroi glace
l'ame, lorſqu'on le voit tomber avec ſa
chere Fanny dans les mains des Rouintons,
ces terribles anthropophages ! C'eſt alors
qu'on déplore les maux de l'humanité gé-
miſſante ſous l'Européen civiliſé, martyriſée
ſur les bûchers des anthropophages, & par-
tout ſouffrante.

Ceux qui me liront feront révoltés ;
je n'en doute point : je les fuirois s'ils
ne l'étoient pas. Mais qu'on prenne bien
garde, c'eft la nature que je peins ; ce
n'eft point d'après l'efprit de nos fociétés que je raifonne. Je paroîtrai étrange ;
mais combien plus devons - nous le pa-
roître aux yeux des fauvages, quand
ils nous voient enterrer les cadavres
fanglans de nos ennemis, au lieu de

J'ai mouillé le papier de mes larmes,
lorfque je fuis arrivé à cet endroit affreux,
où Cleveland voyant une flamme s'élever,
s'imagine que les Rouintons brûlent fa fille
& vont la dévorer. En me tranfportant dans
ces horribles déferts, en me mettant à fa
place, j'ai frémi, j'ai répété le vœu de
Néron. C'étoit un tribut que mon cœur
payoit à l'humanité ; mais la vérité a ar-
raché à mon efprit la défenfe de l'anthro-
pophagifme dans l'état naturel.

les manger ! Le difcours que tenoit cette femme fauvage à un grand roi , n'étoit-il pas fenfé ; & n'avoit-elle pas raifon de difputer aux vers la cervelle délicate d'un homme ?

Dans la Nouvelle-Zélande , où fe trouvent des anthropophages , un navigateur demandoit à un Zélandois fort âgé , ce qu'il faifoit de la tête en mangeant un homme. Nous en mangeons la cervelle , dit le vieillard ; fi vous êtes curieux d'en goûter , dès demain je veux vous en régaler. *Hiftoire des nouvelles découvertes dans la mer du Sud*, 1776 , par M. Fréville.

Ces fauvages croient avoir autant de droit fur les cadavres de leurs ennemis , que les corbeaux ou les vers. Les navigateurs qui y pénétrerent , virent fept de leurs ennemis qu'ils rôtiffoient à la broche.

Eh ! pourquoi ne s'en nourriroient-ils pas ? Quelle eft la raifon pour la-

quelle nous mangeons les animaux ? C'eſt
qu'ils ſont remplis de molécules organiques qui s'aſſimilent parfaitement aux
parties de notre corps , ſervent à notre
nutrition , à l'accroiſſement , à la propagation de l'eſpece. Or , un loup
trouvera dans un loup, l'homme dans
l'homme , ces molécules organiques qui
ſeules peuvent entretenir l'économie
animale. Les individus de chaque eſpece peuvent donc exercer leur appétit ſur les individus de leur eſpece , par la même raiſon qu'ils peuvent
le faire ſur des individus étrangers à
leur claſſe. On connoît l'axiome aſſez
rebattu , *ubi eadem ratio, ibi idem jus
tenendum.* C'eſt le bon - ſens qui l'a
dicté.

Qu'importe d'ailleurs , la diverſité de
claſſes, d'eſpeces ? Ce ſont des diviſions
chimériques qui n'exiſtent point dans
la nature. Les animaux , les plantes , &
tous les êtres ſe reproduiſent les uns

des autres. L'herbe nourrit le bœuf, le bœuf nourrit l'homme. L'homme réduit en pouffiere, exhale des vapeurs ténues qui font croître les herbes & les fruits. Les mêmes opérations fe rencontrent dans la vie, dans la diffolution de tous les êtres. De la deftruction des uns, naiffent les autres qui, détruits à leur tour, fervent à la production de ceux qui leur fuccedent.

Si donc les êtres qui paroiffent même les plus diffemblables les uns des autres, fervent mutuellement à leur production; fi l'herbe peut nourrir l'animal, & l'animal l'herbe, ils font donc compofés de mêmes molécules, conféquemment de mêmes parties. La différence qui nous paroît fi grande entr'eux, n'exifte qu'à l'extérieur. Mais dans le fond, tout fe reffemble. La conftruction eft différente; mais la conftruction n'eft que le mode variable d'un fujet invariable.

Il réfulte de là, 1°. qu'il n'y a point

de claffe dans la nature , puifque tous
les corps appartiennent à la même nature ; 2°. que tous les êtres , pour fubfifter , ont droit de fe fervir d'autres
êtres fufceptibles d'être affimilés à leur
individu ; 3°. que les individus de chaque efpece peuvent fe nourrir de leurs
femblables.

Cette conféquence paroît affreufe.
Mais elle eft démontrée. Qu'on ne perde
jamais de vue ce que nous avons déjà
dit , que nous ne confidérions ici la
propriété , que dans le droit naturel.
Il feroit dangereux d'en faire l'application dans nos fociétés. On pardonne au
révérend P. Jean , de manger une cuiffe
du fuicide Anglois. (*V. le Compere
Mathieu.*) Il étoit dans les déferts de
la Sibérie , prêt à périr de faim. Mais
malheur à celui qui , dans la fociété ,
auroit quelque goût pour la chair humaine ! La loi le puniroit févérement.
La loi ne fe tait que dans ces circonf-

tances affreuſes, où tout frein eſt rompu, où la famine change de ſuperbes
villes en des repaires horribles, où les
hommes ſe dévorent pour aſſouvir leur
faim.

Il réſulte du principe que nous avons
poſé, des preuves ſur leſquelles nous
l'avons appuyé, que les animaux, les
végétaux, ont autant de droit ſur nous,
que nous en avons ſur eux. Félicitons-
nous de ne trouver dans les bœufs, dans
les moutons, dans les autres animaux
domeſtiques qui ſervent à nos beſoins,
que des eſclaves dociles qui ſe prêtent
à nos chaînes, des victimes ſoumiſes qui
ſacrifient leur vie pour conſerver la
nôtre. Félicitons - nous de ce que l'eſprit de la vengeance ne les enflamme
pas, de ce qu'ils n'exercent pas de
cruelles repréſailles ſur nous ; ils en ont
le droit. Ayant les mêmes beſoins, les
mêmes organes, pêtris de la même ſubſ-
tance que nous, pourquoi ne pourroient-

D v

ils pas jouir des mêmes privileges que
nous ? Si nous n'avons d'autres titres de
fupériorité fur eux , que la force , le
courage & l'adreffe , ne nous plaignons
donc point que le loup vorace , le lion
fanguinaire , le cruel requin , déchirent
& dévorent nos membres. Ils font nos
fupérieurs , s'ils font les plus forts. Ils
vengent les barbaries que nous exerçons
fur les quadrupedes que nous apprivoi-
fons pour les immoler à nos befoins.
Il eft tout auffi naturel que l'homme
ferve de pâture au loup affamé , qu'il
eft naturel que cet homme fe nourriffe
de fruits & de chair animale. Mais je
me laffe de promener mes yeux fur ces
fcenes affreufes. La main de l'éducation
les ferme malgré moi.

Examinons donc à préfent quel doit
être le terme de la propriété , quelle
eft fon étendue. L'homme a droit fur
tout ce qui peut fatisfaire fes befoins:
leur extinction , voilà leur borne. La

propriété des êtres est universelle. Elle
n'est point resserrée à un certain espa-
ce, concentrée dans un certain canton,
que dans la société on appelle patrie. Il
n'en est point dans la nature. L'homme
est de tous les pays : maître de toute
la terre , maître d'en asservir tous les
êtres à son besoin, il commande à l'u-
nivers entier. Les airs , la terre , les
eaux , le feu , tous les élémens s'em-
pressent d'exécuter ses ordres , de satisfaire ses goûts. Rien n'arrête sa mar-
che puissante ; rien ne s'oppose à ses
droits. Ils s'étendent sur tout. Les corps
pernicieux à sa constitution , sont les
seuls que la nature lui interdise. Tel est
l'homme dans l'état de nature. Celui
des sociétés , abâtardi par nos institu-
tions , dégradé de sa dignité primitive ,
ne respire plus que l'esclavage. Plongé
dans les horreurs de la faim , il demande l'aumône humblement , & il est

auffi propriétaire que le riche qui la lui donne.

Mais fi nous voulons voir l'homme vraiment grand, vraiment propriétaire, confidérons ce fauvage né dans le fond du Canada. Robufte, endurci à la fatigue, élevé dans la chaffe dès fa jeuneffe, avec quelle célérité, quel orgueil il traverfe les vaftes forêts qui couvrent les contrées qu'il habite ! Ce font fes domaines, fes poffeffions. Il n'en a pas de contrat notarié, mais il en a un bien meilleur dans fon befoin, & dans fon bras qui fait le fatisfaire. Il n'a point à redouter la colere de feigneurs jaloux, la vigilance de gardes-chaffes qui l'arrêtent. Il n'eft point de parc, point de muraille, point de propriété particuliere; tout eft à lui, il eft maître de tout; il eft maître par-tout où il y a des animaux, des oifeaux, des poiffons. Il a befoin, & ce font fes alimens.

La nature allume dans fon cœur le

feu de l'amour : s'il se présente à ses yeux un de ces objets charmans qui l'embellissent , si le même feu l'embrase , ils sont époux. Ils ne sont point de serment. Ils s'aiment , parce qu'ils ont besoin de s'aimer. Ce besoin satisfait , le titre d'époux disparoît.

Tous les autres animaux ne respectent-ils pas la même borne dans leur propriété ? Le cheval s'empare-t-il de l'herbe qu'il ne peut pas manger ? Le taureau vieux & usé, qui ne sent plus l'aiguillon de l'amour , combat-il encore pour de jeunes genisses qu'il ne sauroit satisfaire ? Non, la nature dit à ces animaux , comme à l'homme sauvage : ta propriété finit avec ton besoin.

Mais l'homme social n'écoute point la nature. Il prolonge , il étend sa propriété au-delà de ses besoins ; il se cantonne, s'isole, & il a l'audace d'appeller cette propriété sacrée , naturelle !

D'après les principes que nous avons

pofés , que penfera-t-on d'un pareil droit
de propriété , invoqué par tous les hommes dans la fociété , prôné par tous les
écrivains de nos jours; de ce droit pré-
caire , auquel les rois ne peuvent porter
la main fans expofer leur tête ? On croit
qu'il découle de la nature, tous les philofophes le crient aux oreilles de l'im-
bécille vulgaire. Homme jufte , compa-
rez & jugez !

Le droit de propriété , que la nature
accorde aux hommes , n'eft reftreint par
aucune borne que celle du befoin fatisfait , il s'étend fur tout , & à tous les
êtres. Ce droit n'eft point exclufif, il
eft univerfel. Un François a dans la nature autant de droits fur le palais du
Mogol , fur le férail du Sultan , que le
Mogol & le Sultan même. Point de
propriété exclufive dans la nature. Ce
mot eft rayé de fon code. Elle n'auto-
rife pas plus l'homme à jouir exclufive-
ment de la terre , que de l'air , du feu

& de l'eau. Voilà la vraie propriété, la propriété sacrée, la propriété que les rois doivent refpecter, qu'ils ne doivent jamais violer impunément. C'eft en vertu de cette propriété, que ce malheureux affamé peut emporter, dévorer ce pain qui eft à lui puifqu'il a faim. La faim, voilà fon titre. Citoyens dépravés, montrez un titre plus puiffant. Vous l'avez acheté, payé.... Malheureux! qui avoit droit de vous le vendre? Il n'eft ni à vous ni à vos vendeurs, puifque ni l'un ni l'autre vous n'aviez befoin.

Quelle eft cette autre propriété fociale, qui a emprunté des traits de cette propriété naturelle, & qui, fous ce mafque impofant, a fu s'attirer une vénération qu'elle ne mérite pas, des défenfeurs aveuglés par le defir de la jouiffance exclufive? C'eft cette propriété que réclame ce riche financier, qui a bâti de fuperbes palais fur les

ruines de la fortune publique ; ce prélat
avide , qui nage dans l'opulence ; ce
bourgeois oisif, qui jouit paisiblement,
tandis que le journalier malheureux souf-
fre. C'est cette propriété que réclame
ce seigneur jaloux de ses droits , qui
ferme de murs son parc, ses jardins....
C'est cette propriété qui a créé les ser-
rures , les portes , & mille autres in-
ventions qui cantonnent l'homme , l'i-
solent , protegent les jouissances exclu-
sives , le fléau du droit naturel. Le caractere , en effet , de la propriété naturelle , c'est d'être universelle. Les
propriétés sociales sont individuelles ,
particulieres; ces deux droits sont donc
absolument contraires , & on leur donne la même origine, les mêmes attributs !

Si le besoin est le seul titre de propriété de l'homme, si sa satisfaction en
est l'unique terme , ne doit-on pas rejeter les systêmes de ces écrivains qui

l'ont fait repofer dans la force, ou dans l'antériorité de poffeffion ?

Dans l'état de nature, dit Hobbes, chacun a droit à tout : d'où il conclut que chacun peut s'emparer de tout. Il s'enfuit de là que Pierre & Paul ont droit à la même chofe. Mais s'ils veulent l'avoir tous deux en même tems, lequel aura la préférence ? Il n'y a pas de juge ; & quand ils en conviendroient, comment pourroit-il décider ? Elle n'appartient pas plus à l'un qu'à l'autre. Il faut donc qu'ils fe battent, & le plus fort l'emportera.

Voilà la fubftance du raifonnement de Hobbes. Que d'affreufes conféquences en dérivent ! Mais je n'examine ici que le principe.

Que dans l'état naturel chacun ait droit à tout, on en convient, mais c'eft lorfqu'il a des befoins. Voilà la borne mife au droit général de propriété, borne pofée par la nature même. Car

pourquoi, lorfque nos befoins font fatif-
faits , aurions - nous droit de nous emparer de tout ? A quoi ferviroit cette
ufurpation ? Et l'utilité , comme l'on fait,
eſt la regle de l'homme fauvage. Le vœu
de la nature eſt donc que nous ceſſions
d'être propriétaires , dès que nous n'a-
vons plus de befoins.

Ainſi de Pierre & de Paul , préten-
dant tous deux à la même chofe, c'eſt
celui qui en a befoin pour la confervation de fon être , qui doit l'emporter &
jouir. Où eſt le juge qui a pofé ce principe , me dira quelque jurifconfulte ?
Ouvrez le grand livre de la nature , car
vous n'en avez jamais vu que les bords ,
& vous l'y trouverez. Un fleuve qui
coule dans un lit aſſez vaſte pour contenir fes eaux , court - il inonder les
campagnes ? Le chêne qui s'éleve dans
les airs, difpute-t-il au rofeau un terrein
qui lui feroit inutile ? Oui , la nature

a dit & dira toujours à tous les êtres dont les befoins font fatisfaits , *fta.*

Il n'eft qu'un feul cas où la loi du plus fort pourroit être juftement révoquée & fervir de décifion entre deux contendans : c'eft dans l'hypothefe où Pierre & Paul auroient également befoin tous deux. Tous deux étant également néceffités à conferver le principe de leur vie, ont un égal droit à la chofe qui peut l'entretenir : imaginez deux boules mues dans une même ligne en fens contraire ; elles fe rencontrent, fe choquent ; la plus pefante, la plus rapide fait difparoître l'autre.

Tous les jurifconfultes partent de la regle , *primo occupanti.* Quelques - uns l'ont adoptée, peu l'ont trouvée fatisfaifante. Où eft écrite cette regle ? Qu'on nous montre un endroit de la nature, où elle l'ait confacrée. Qu'importe ici l'antériorité de la poffeffion ? Si le poffeffeur n'a aucun befoin, fi j'en ai, voilà mon titre qui détruit la poffeffion. Si tous deux nous fommes fans befoin, aucun de nous n'y a droit. Dans le cas contraire, c'eft une affaire de ftatique.

Le befoin eft donc le feul titre de notre propriété. Il réfulte de ce principe, que lorfqu'il eft fatisfait, l'homme n'eft plus propriétaire. Il réfulte que le droit de propriété eft fi intimement lié avec l'ufage de cette propriété, qu'on ne peut les fuppofer féparés. Car fuppofer un homme propriétaire fans exercer fa propriété, c'eft fuppofer que fes befoins font fatisfaits. Or, à ce point finit fon titre de propriété.

D'un autre côté, comment fuppofer un homme fe fervant de la matiere fans en être propriétaire? Cé feroit une contradiction dans les termes. Si l'homme n'eft propriétaire que lorfqu'il fait fervir la matiere à fes befoins, c'eft propofer l'abfurdité la plus révoltante,

que de le suppoſer ſe ſervant de la matiere ſans en être propriétaire.

Ces principes font voir évidemment
quel ridicule il y avoit dans cette pi-
toyable diſpute de ces imbécilles corde-
liers , qui ſoutenoient n'être pas propriétaires de la ſoupe qu'ils mangeoient.
Ils démontrent auſſi palpablement combien les uſages ſociaux , les principes
reçus ſur la propriété civile, ſont faux
& anti-naturels. Car le moyen de concevoir dans la nature un être qu'on appelle *fermier* , & qui jouit ſans être
propriétaire ! Le moyen de concevoir
l'exiſtence d'un individu qui , à deux
cents lieues de ſes terres , s'annonce le
propriétaire de trente arpens dont il
ne connoît pas même la ſituation ! Le
moyen enfin de concevoir ces diſtinc-
tions ſubtiles , imaginées par les juriſ-
conſultes dans le droit de propriété ,
de poſſeſſion , d'uſage , de propriété ,

d'action pétitoire, poffeffoire, &c. Tout homme qui ne confultera que les idées naturelles, qui ne fe laiffera point aveugler par le préjugé, pourra-t-il imaginer un propriétaire qui n'eft pas poffeffeur ni ufager, un ufager qui n'eft ni poffeffeur ni propriétaire ? Pourra-t-il jamais concevoir qu'on puiffe affermer fon droit de propriété ? Si cela étoit poffible, il faudroit donc être fans befoins ; & fi l'on étoit fans befoin, on ne feroit plus propriétaire. Ces maximes adoptées dans le droit civil, bien loin de découler du droit naturel, lui font donc entiérement contraires : ce qui prouve que la propriété civile que les politiques de nos jours regardent comme un droit fi facré, fi naturel, n'eft qu'une invention fociale, qui bleffe entiérement le droit de la nature.

Dans la nature, la propriété ne peut être féparée de l'ufage, ne peut être étendue plus loin que cet ufage. Je transforme en ma fubftance la matiere qui fert à ma nourriture. Ce pain que je mange, cette eau que je bois, cet air que je refpire, tout cela devient *moi* par l'ufage que j'en fais. Il ne me faut qu'une certaine quantité de ces élémens, pour entretenir ma machine. Si j'outre-paffe cette quantité, l'équilibre fe détruit, & entraîne la ruine de la machine. Il eft donc dans la nature, dans l'effence de mon être, que je n'emploie à ma confervation que la matiere néceffaire.

Or, fi dans l'*exercice* ma propriété ne s'étend que jufqu'à ce point, donc il doit également fervir de borne à *la faculté de l'exercice* : autrement j'aurois droit de faire ce que je ne pourrois faire. Et qu'eft-ce qu'un droit qui ne peut être réduit à l'acte ? Une pure chimere.

Mais il n'en eft pas de même dans la fociété. La propriété s'étend au-delà

des befoins naturels. Et voici pourquoi.
L'homme s'eft créé une immenfe quantité de befoins factices. Sa propriété
s'eft étendue en raifon de fes befoins.
Il a rompu la borne que la nature
avoit mife à fes droits. Satisfait dans
fes befoins naturels , il a confervé fa
propriété pour fatisfaire fes befoins artificiels. C'étoit un crime , puifque cette
confervation ne pouvoit fe faire qu'aux
dépens d'autres individus. Mais loin que
ce crime parût tel dans la fociété, on
eft parvenu au contraire à faire regar-
der comme un forfait abominable, l'action du malheureux dépouillé de fon
droit de propriété primitive , qui ofoit
le réclamer , pour fe fouftraire à la
mort. Tel eft le caractere de nos inftitutions fociales. Elles canonifent ce
que la nature appelle un crime ; elles
puniffent féverement une action ver-
tueufe , commandée par la nature même.

Mais en appréciant avec un œil philo-
fophique ,

fophique cette propriété civile, on découvre combien elle eft frivole & futile. On n'eft propriétaire, on ne jouit que par les fens. La jouiffance eft une fenfation agréable, caufée dans notre ame par la préfence d'un objet étranger, & par la perception fenfuelle de cet objet. Nous jouiffons de la lumiere en voyant, du feu en nous chauffant, d'une fleur par l'odorat. Les fens font les feuls canaux de la jouiffance, les feuls inftrumens de la propriété.

Comment un homme peut-il donc fe dire feul propriétaire, jouiffant d'héritages étendus, d'une forêt immenfe, de jardins magnifiques ? Pour le détromper, je lui dirois : vous ne pouvez jouir que par vos fens. Or, par quel fens jouiffez-vous de cet arpent de terre ? Ce n'eft ni par l'oreille, ni par le goût, ni par l'odorat, puifqu'un morceau de terre ne s'entend point, ne fe goûte point, ne fe fent point. Ce ne peut donc être que

E

par la vue ou le tact ; mais combien
d'autres partagent avec vous cette jouiffance !

Riches orgueilleux , ceffez donc de
vanter vos palais, vos richeffes, votre
fafte. J'en jouis comme vous , & fouvent plus que vous. Vos charmantes
perfpectives , vos parfums délicieux ,
vos concerts enchanteurs , je les vois ,
je les fens , je les entends comme vous,
& cent perfonnes en partagent le plaifir
avec moi. Ce ne font pas vos plaifirs
que vous payez , ce font les miens ; ce
font ceux de tous les êtres qui vous en-
vironnent , & qui fouvent en goûtent
bien davantage que vous. Car tranfportez un Buffon dans vos cabinets de phy-
fique , un le Notre dans vos jardins , un
philofophe dans vos parcs immenfes , &
tous jouiront mille fois plus que vous.
La nature & l'art développeront à leurs
yeux mille merveilles cachées à vos yeux
épais , leur procureront mille plaifirs

qui échappent à vos fens trop obtus.
C'eſt donc pour eux que vous travail-
lez, que vous êtes propriétaires. Ainſi
le prince qui fait bâtir ce ſuperbe palais, le voluptueux qui répand à pleines
mains le parfum ſur ſes habits, tous tra-
vaillent pour moi, je jouis de leurs ouvrages, je ſuis propriétaire comme eux.

Un Bonze riche & avare avoit fait
un amas conſidérable de bijoux. Un autre Bonze lui marqua quelque deſir de
les voir. Le Bonze avare les lui montra
avec beaucoup de faſte. Après que le
Bonze curieux les eut examinés, je
vous remercie, lui dit-il, de vos bijoux. Pourquoi me remercier, lui dit
l'autre, je ne vous les donne pas ? C'eſt
du plaiſir que j'ai eu de les voir. C'eſt
tout le profit que vous en tirez; & vous
n'avez par-deſſus moi que la peine de
les garder. Cette différence eſt légere,
& je ne vous l'envie point.

La jouiſſance, la propriété des riches

ne font donc que des mots ; ils les partagent toujours avec d'autres ; ils n'ont
par-deſſus les autres , que la peine d'en
faire les frais. Voilà l'effet ordinaire de
ce qu'on appelle propriété civile.

SECTION V.

Peut-on aliéner le droit de propriété ?

TEL est l'avantage qu'on peut trouver dans la définition que j'ai donnée de la propriété considérée dans le droit naturel ; c'est qu'on y trouve la solution de toutes les questions qui peuvent se faire sur cette matiere. Celle qu'on vient de proposer n'est, par exemple, pas difficile à résoudre.

En effet, si nous ne sommes propriétaires, si nous n'avons droit de nous servir de la matiere que pour satisfaire nos besoins ; si, ces besoins satisfaits, notre propriété cesse, n'en résulte-t-il pas clairement qu'on ne peut aliéner son droit de propriété ? Car, ou celui qui l'aliéneroit auroit des besoins à satisf-

E iij

faire, ou il n'en auroit pas. S'il en a,
il viole la loi de la nature, en cédant
ou vendant fa propriété. La nature lui
ordonne impérieufement de fatisfaire fes
befoins pour entretenir la vie & la fanté
dans fa machine, qui feroit bientôt dé-
truite, s'il n'exécutoit pas cette loi. Il
n'eft donc pas plus licite à l'homme
de vendre fa propriété, que de vendre
fa vie & fa liberté. Sa vie dépend de
l'exercice de cette propriété. L'aliéner,
c'eft aliéner fa vie, c'eft défobéir à la
nature, c'eft violer fes loix.

Mais fi l'homme qui aliene fa propriéé
lorfqu'il a befoin, eft criminel alors,
il n'eft que ridicule & fou lorfqu'il la
vend dans un tems où il n'a pas de befoins. Car s'il n'eft propriétaire qu'en
raifon de fon befoin, fi fa propriété
s'éteint avec fon befoin; que peut-il
vendre lorfqu'il n'a plus de befoins?
Rien, puifqu'il n'eft maître de rien,
puifqu'il n'a droit fur rien, fon befoin

étant le titre de fa propriété. Une pareille aliénation eft donc ridicule , & nulle. Le vendeur difpofe d'un droit qu'il n'a pas.

Ce dilemme eft fuffifant pour convaincre de l'inaliénabilité du droit de propriété. Je n'ajouterai donc ni d'autres raifonnemens , ni des autorités. Ils feroient fuperflus.

Une conféquence de cette vérité , c'eft que dans la nature on ne peut pas plus affermer que vendre fon droit de propriété.

Une queftion bien intéreffante feroit de favoir fi la fociété peut faire renoncer fes membres à cette propriété. La décifion n'eft pas difficile à donner , à moins que cette fociété, ou ne fupprime les befoins de l'homme , ou ne lui donne un moyen auffi facré, auffi invariable , que fa propriété primitive pour les fatisfaire ; une pareille renonciation eft

E iv

nulle, anti-naturelle, & perſonne n'eſt
tenu de l'obſerver.

Il n'eſt point de ſubtilités que les auteurs qui ont traité cette matiere n'aient
inventées pour appuyer ce prétendu droit
de diſpoſer, d'aliéner un fonds de terre, qu'ils accordent trop gratuitement à
l'homme. Je ne les rapporterai point;
ce ne ſont que des erreurs déjà réfutées.
On a ſi peu de tems, & il faut lire tant
de livres pour trouver une ſeule vérité, qu'il eſt inutile de groſſir ici la liſte
de nos erreurs.

Il eſt cependant une objection cap-
tieuſe, qui a pu faire quelqu'impreſſion,
ſur-tout dans ce ſiecle où les écrits éco-
nomiques ont fait tant d'agronomes &
tant de politiques. On a dit que, pour
mettre un terrein en état de produire,
il falloit des avances & des peines. On
en a inféré qu'il étoit juſte que celui
qui avoit ſemé, recueillît, & pût jouir

du fruit de fes avances & de fon travail. On en a conclu que perfonne que
lui ne pouvoit avoir de droit , ni au
fruit ni au fonds.

Qu'on fe rappelle toujours le grand
principe que nous avons pofé , que l'homme n'étoit propriétaire qu'en raifon de
fes befoins , & l'on aura bientôt la fo-
lution de cette difficulté. L'homme n'a
qu'un feul titre pour jouir , c'eft fon
befoin. Si fon travail pouvoit en être
un autre , il feroit toujours fubordonné
au premier. Sa propriété n'a d'autre
terme que fon befoin. Le travail n'en
eft point un. Qu'un homme ait enfe-
mencé cent arpens de terre , fi un feul
fuffit pour fa nourriture , pour fes befoins , il n'eft propriétaire que des productions de ce feul arpent. Il n'a aucun
droit naturel fur les quatre-vingt-dix-
neuf autres. S'il s'en arrogeoit la propriété , il violeroit la loi de la nature ;
ces arpens & leurs productions appar-

tiennent à ceux qui ont befoin, & non pas à celui qui les a enfemencés. Il ne pourroit donc vendre ces fruits à aucun autre qui auroit befoin ; il n'a aucun droit fur eux. Il vendroit au propriétaire fon bien. D'ailleurs, ces termes de vente, d'aliénation, font inconnus dans l'état de la nature. L'homme n'a droit que fur ce qui peut fatisfaire fes befoins, & il ne peut difpofer de ces objets.

Je le répete ici, je ne parle que pour l'état de nature ; car dans l'état focial, la thefe change entiérement de face. Sans doute dans cet état, pour rendre fertile un terrein, il faut des avances & du travail. Sans doute il eft jufte que celui qui a travaillé, jouiffe du fruit de fes peines.

L'agriculture eft la bafe de l'état ; mais pour la faire fleurir, il faut affurer au laboureur la faculté de jouir du fruit de fon travail. Sans cette faveur attachée à la propriété, point de culture de terres, point de denrées, point de richeffes, point de commerce. D'ailleurs les propriétaires fonciers font feuls attachés à l'état ; les propriétaires mobiliers peuvent à chaque inftant le quitter. Ces confidérations & mille autres auroient dû engager tous les gouvernemens à favorifer l'agriculture. Cependant que d'entraves on lui a mifes dans tous les tems ! Les loix abfurdes du gouvernement féodal, ces droits immenfes de francs - fiefs, de lods & ventes ; cette loi fi prônée & pourtant fi pernicieufe de l'inaliénabilité des domaines royaux & de gens de main - morte, & tant d'autres fervitudes de toute efpece, ont dans tous les tems gêné la culture des terres & la circulation des propriétés. On a mille fois propofé de les réformer. Mais, quoiqu'il foit jufte d'affurer la propriété du citoyen, doit-on punir auffi cruellement les malheureux qui font forcés par leurs be-

E vj

foins, de la troubler ? L'erreur qui s'é-
tend rapidement, fe déracine difficile-
ment.

Si l'homme, dans la fociété même,
conferve toujours le privilege ineffaça-
ble de la propriété que la nature lui a
donné, rien ne peut donc le lui ôter,
rien ne peut l'empêcher de l'exercer. Si
les autres membres de cette fociété con-
centrent dans eux feuls la propriété de
tous les fonds de terre ; fi dans cette
fpoliation ceux qui en font privés, forcés de recourir au travail, ne peuvent
par fon moyen fe procurer leur entiere fubfiftance ; alors ils font les maîtres d'exiger des autres propriétaires
(*) de quoi remplir ces befoins. Ils
ont droit fur leurs richeffes. Ils font

_____

(*) Il y a une loi en Angleterre, qui ordonne aux mendians de travailler, aux pa-
roiffes de leur fournir de l'ouvrage, finon
de les nourrir.

maîtres d'en difpofer en proportion de leurs befoins. La force qui s'y oppofe eft violence. Ce n'eft pas le malheureux affamé qui mérite d'être puni ; c'eft le riche affez barbare pour fe refufer au befoin de fon femblable, qui eft digne du fupplice. Ce riche eft le feul voleur; il devroit feul être fufpendu à ces infames gibets, qui ne femblent élevés que pour punir l'homme né dans la mifere, d'avoir des befoins ; que pour le forcer d'étouffer la voix de la nature, le cri de la liberté ; que pour le contraindre à fe jeter dans un dur efclavage, pour éviter une mort ignominieufe.

Juges des nations, vous que les fociétés ont choifis pour protéger leurs loix, pour arrêter le crime & défendre l'opprimé, jufqu'à quand ferez-vous donc inconféquens & cruels ? Quand cefferez-vous donc de violer les loix de la nature ? Quand cefferez-vous de punir, par un fupplice infame, les êtres

malheureux que la faim fait jeter fur
des alimens qui ne peuvent appartenir
qu'à ceux qui ont befoin ? Faut-il donc
que, pour refpecter cette propriété civile, qui n'eft qu'une ufurpation fociale, ils périffent par la faim, & défobéiffent à la loi de la nature qui leur
commande de veiller à leur confervation ? Quel eft celui d'entre vous qui,
réduit dans cette fituation déplorable,
forcé d'opter entre la mort & [ce que
vous appellez vol, ne prendra pas ce
dernier parti ? Et vous puniffez du dernier fupplice ce prétendu crime que la
nature vous force de commettre ! La
mort ! Mot terrible, que vous ne de-
vriez jamais prononcer ! L'homicide mé-
me ne la mérite pas. C'eft préjudicier à
la fociété, c'eft bleffer la nature, c'eft
doubler un crime, que de le punir par
la mort. Et tous les jours cependant vous
prononcez avec légéreté cette punition
cruelle pour les fautes les plus légeres !

Mais qui vous en a donc donné le droit ?
Eft-ce l'homme entrant en société ? Mais
il n'a jamais pu vous céder un droit qu'il
n'avoit pas fur fa vie. Mais il n'a jamais
pu renoncer à fa propriété , & vous
donner le droit de le condamner à mort,
quand la faim le forceroit à faire revivre
ce droit.

Suppofez que voler pour ne pas périr
de faim , foit un crime , ne le puniffez
pas du moins aufli févérement. Il eft tant
de châtimens plus doux , dans lefquels
même le coupable peut devenir utile à la
fociété : pourquoi ne pas les employer ?
Vous conferveriez un citoyen à l'état,
& vous n'outrageriez pas la nature. Lé-
gislateurs ! vous qui tenez dans vos mains
le deftin des nations , ne vous bornez pas
à prévenir l'abus ; coupez-le par la racine;
par une jufte diftribution des richeffes de
l'état , faites difparoître la trifte mendi-
cité , & il n'y aura plus de vol. Il n'y a

(112)

que les mauvais gouvernemens, où l'on soit obligé de multiplier les peines.

CONCLUSION.

J'ai dissipé des préjugés, peut-être utiles au genre humain ; je lui ai montré des vérités tristes, sans doute ; j'ai fait mon devoir. Un bel esprit, à qui l'on a trop gratuitement accordé le titre de philosophe, disoit que, s'il pouvoit tenir toutes les vérités humaines enfermées dans ses deux mains, il se garderoit bien de les ouvrir. Ce n'est pas là le langage d'un ami de l'humanité, mais d'un ami de l'ignorance, d'un prêtre de Belus ou de fausse religion, qui ne cherche qu'à perpétuer les erreurs des hommes, qu'à les plonger dans l'ignorance pour les duper plus aisément. L'erreur a fait couler des flots de sang ; la vérité n'a jamais eu pour cortège que la candeur & la paix. Tout philosophe

doit donc ouvrir les yeux aux hommes
fur mille menfonges, mille préjugés,
qu'ils adoptent trop aifément fur pa-
role. L'ami feul du defpotifme a pu re-
gretter de voir l'univers éclairé. J'ai donc
eu raifon de dire aux hommes : ô mes
femblables ! vous êtes tous propriétaires en naiffant, la nature ne reftreint
votre droit de propriété en aucun lieu,
fur aucun corps. Vous pouvez l'étendre
par-tout, l'exercer fur tout. Elle n'a
mis d'autre borne à ce droit facré, que
l'extinction de votre befoin même. Eft-
il fatisfait, vous n'avez plus de droit
fur la matiere. Vous devez laiffer jouir
ceux qui ont befoin. Troubler leur jouiffance, c'eft violer la loi la plus facrée
de la nature. Ne croyez point à ces
perfonnages aufteres, qui, fe tuant len-
tement & par degrés, voudroient abré-
ger votre exiftence, en vous rédui-
fant aux végétaux. Ne vous laiffez point
féduire par leurs déclamations ampoulées

contre l'ufage de vous nourrir de chair
animale. Votre nature vous le prefcrit,
vous l'ordonne. Mais défiez-vous auffi
de ces flatteurs de l'efpece humaine,
qui croient que les animaux n'ont pas
droit de fe nourrir de notre chair. Ils
les appellent cruels ; & comment nous
appelleroient les moutons , les bœufs,
s'ils écrivoient ! Si un loup pouvoit
faire imprimer fes réflexions, auroit-il
tant de peine à vous prouver qu'il a
un droit légitime fur vous ? Sa faim ;
voilà fon titre. Ses griffes & fa dent ;
voilà fes raifons. . . .

On me dira peut-être , car c'eft une
objection qu'on m'a fouvent faite : à
quoi fert cet ouvrage ? Il ne feroit bon
que dans l'état de nature , & cet état
n'eft qu'une chimere.

Le *cui-bono* n'eft pas toujours le meilleur moyen d'apprécier un ouvrage. Il
en eft mille qu'on profcriroit , fi l'on
ne les envifageoit que fous un afpect

d'utilité. Je n'aurois découvert d'ailleurs qu'une vérité, qu'elle feule me
juftifieroit de la prétendue inutilité de
cet ouvrage.

Mais pourroit-on me reprocher d'a-
voir éclairci la matiere de la propriété,
d'avoir porté le flambeau de la raifon
dans cette partie fi obfcure du droit
naturel, dans un tems où les peuples &
les rois cherchent à s'éclairer fur leurs
droits refpectifs, dans un tems où l'on
remonte à l'origine des droits fociaux,
dans un tems où le refpect pour les
propriétés eft regardé par les écono-
miftes comme le fondement de tout
état ?

Je n'ai cherché, en écrivant, que le
bien de mes femblables. Si les tribu-
naux, convaincus par mes principes,
perfuadés que l'homme ne peut aliéner
le droit de propriété que fon exiftence
lui donne, que quand il a faim il a droit
fur tout, qu'il ne vole point alors, qu'il

ne fait que remplir le vœu de la nature ; si les juges, dis-je, effacent les barbaries des siécles passés, ne punissent plus sévé-rement le malheureux affamé qui s'est procuré sa subsistance aux dépens de son voisin ; je serai trop heureux. J'aurai sauvé la vie à des innocens. Cela vaut des siécles d'immortalité.

F I N